1789

Lothar-Günther Buchheim

Das Segelschiff

Stalling

Werden die Windjammer nur noch zum Paradieren und Renommieren unterhalten wie die Bierfuhrwerkrösser der Münchner Brauereien?
»Wozu noch Segelschiffe?« fragen nicht nur die Nützlichkeitsapostel. »Das Segelschiff ist doch ein Anachronismus!« behaupten Leute, die nichts für die Seefahrt empfinden. Sie wollen nicht wahr haben, daß das Segelschiff immer noch ein gültiges Symbol für Abenteuer und Freiheit sei. Aber als gewichtiges Argument für das Segelschulschiff müssen sie doch gelten lassen, daß die Seefahrt bei allem technischen Fortschritt auch heute noch – in der Notsituation zumal – ein Kampf gegen die Elemente sein kann und der Seemann dafür durch Erfahrung gerüstet sein muß. Die aber kann er, soll sie intensiv sein, nur auf einem Segelschiff erwerben. Ohne die Hilfe von Maschinen steht er da noch hautnah den Naturgewalten gegenüber.

Ein doppeltes S vor dem Schiffsnamen kommt oft vor. Es steht für »steamship«. Das dreifache S hingegen, das die »Gorch Fock« führt, kommt auf der ganzen Welt nur einmal vor: »SSS Gorch Fock«. Es steht für Segel-Schul-Schiff Gorch Fock.

Die Amerikaner können sich auf das dreifache S keinen Vers machen, auf das »Fock« schon eher. Sie nennen das Schiff, wenn es in einem amerikanischen Hafen liegt, kurzerhand »Fucking George«. Der Namenspatron Johann Kinau hätte sich eben einen anderen Künstlernamen als »Gorch Fock« ausdenken sollen.

Für das Verballhornen des Schiffsnamens müssen die Amis, wie ich von ein paar erfahrenen Typen aus der Stammbesatzung erfuhr, büßen: Die Jungs haben, wenn das Schiff nach Amerika segelt, einen hübschen Vorrat von blauen Zehnmarkscheinen bei sich, und wenn dann die Gaffer sich auf der Pier des amerikanischen Zielhafens versammeln, ziehen sie einen davon raus und lassen ihren exakt eingelernten Spruch: »Nice picture of the ship, isn't it?« vom Stapel.

Die Amis machen Augen. Da können sie vergleichen, so viel sie wollen: Auf dem Schein ist tatsächlich das Schiff abgebildet. Jede Rah wiederholt sich exakt in feinster blau gedruckter Gravur. Und wenn die Amis dann fragen: »How much?«, weisen die Jungs von der »Gorch Fock« nur wortlos auf die 10. Auf die Frage: »Ten bucks?« bekommen die Amis keine Antwort, nicht einmal ein Zucken. Also rücken sie 10 Dollars heraus.

»Sehr gutes Geschäft«, sagen die Jungs. »Wenn einer für nen Zehnmarkschein zehn Dollars rausrückt, is er doch selber schuld – oder?«

»Fucking George«: Als *ich* das Schiff auf der Pier vor Boston von Matrosen, die auf einem anderen tall ship Dienst taten, so nennen hörte, klang nicht etwa Geringschätzung durch – im Gegenteil: Die »Gorch Fock« hatte gerade gezeigt, was sie kann. Als einziger der paradierenden Großsegler war die »Gorch Fock« *unter vollen Segeln* vom Ankerplatz weg, zwischen Dear Island und Long Island hindurch die schmale Gasse, die Tausende von Booten jeglichen Typs bildeten, die Bucht heraufgekommen, den Bugspriet gegen die Skyline der Stadt gerichtet, bis auf die Höhe des Flugzeugträgers »John F. Kennedy«, der am rechten Ufer der Bucht festgemacht hatte und dessen Landedeck nun ungezählten Menschen als Ausguckplattform diente. In allerletzter Minute erst ließ Kapitän Wind – der Kommandant der »Gorch Fock« heißt tatsächlich so (nomen est omen) – die Segel bergen, dann kamen auch schon die Schlepper und drückten, einer an Steuerbordseite vorn, der andere backbord achtern, mit mattengepolsterten Vorsteven das Schiff auf dem Teller herum, bis der Bugspriet in das für die »Gorch Fock« bestimmte Becken zeigte. Am Army-Base-Pier war Ende der Seereise, die mich von Hamilton auf Bermuda nach Boston gebracht hatte.

Um es gleich loszuwerden: Weiter als zur Marssaling habe ich das Aufentern nicht mehr geschafft. Ich habe weidlich versucht, den Kommandanten und den IO zu bereden: In der Höhe des Topps einen Block anschlagen und mich dann im Bootsmannsstuhl – Hosenboje wäre mir noch lieber, aber es gibt angeblich keine an Bord – hochhieven, das müßte doch gehen! Doch dieser Idee wollte keiner Geschmack abgewinnen.

Wie gerne wäre ich einmal da oben gewesen! Bis zum Großtopp sind es ab Wasserlinie 45,5 Meter. Unter den Jungs gibt es welche, die während der Hafenliegezeit in ihrer Freiwache bis zur obersten Rah der Großroyal hinaufklettern und dann einfach so, mit dem Bauch über die dicke metallene Rah gelehnt, auf dem Fußpferd stehen und in die Ferne gucken, reglos und stundenlang. Über den weißen Dächern von Hamilton habe ich sie aus der Ferne da oben gesehen und in ihrer Reglosigkeit zuerst nicht als menschliche Gestalten erkannt. »Da oben isses schön«, sagte mir später einer, »da ist man ganz für sich.«

Der blanke Neid stieg in mir hoch: Ich bin eben vier Jahrzehnte zu spät dran: Mit zwanzig hätte ich leicht zur Bramsaling hinaufturnen können.

Als ich das Schiff zum ersten Mal sah, quoll ein heftiges Gefühl in mir auf: Ich sah es in Lage 120. Der Bug war wie eine Pfeilspitze schräg gegen die Küste gerichtet. Alle Kraftspannung schien sich in der äußeren Spitze des Bugspriets zu sammeln. In der klaren Morgenluft ließ sich jede Rah, jedes Want erkennen: gestochen scharf das Filigran der Takelage. Plötzlich setzte das Schiff alle Segel: es entfaltete seine Flügel. Nie vorher hatte ich einen Windjammer unter vollen Segeln gesehen. Da stand ich nun in aller Morgenfrühe auf der Terrasse eines Bungalows auf Bermuda-Island hoch über einer hell zwischen Agaven schimmernden Brandung, mit dem Städtchen Hamilton im Rücken – und weit draußen in der coelinblauen See ließ die »Gorch Fock« ihre weißgrauen Segel von der Morgenbrise füllen: Was für ein Anblick!

Vorhergehende Doppelseite, links: Der Seemann sieht an den Rostspuren aus den Ankerklüsen, daß das Schiff aus schwerem Wetter kommt. Der strenge Seemann sieht auch noch, daß der Backbord-Fockhals unaufgeklart fast im Wasser hängt und bemängelt das, während der seemännische Laie sich an der Perspektive des hochragenden Bugspriets erfreuen darf. Der Bugspriet hat eine Länge von 18 Metern. Vom Bug in der Wasserlinie aus gemessen, ragt das Vorgeschirr 15 Meter nach vorn: Das gibt zusammen mit dem Sprung der Linie des Schiffes die Rasse. Der Bugspriet hat aber nicht nur ästhetische Funktion: Er gibt die Haltepunkte für die Stagen des Vormastes. Sie halten die Vorsegel und steifen den Vormast nach vorn ab. Ein Beispiel dafür, daß im alten Schiffbau die Ästhetik aus Zweckentsprechung entstand. Heute werden Schiffssilhouetten »entworfen«.

Ein Bild wie aus alten Segelschifftagen. In diesem Licht erscheinen die Segel altersgrau, vom Wetter hergenommen. Der Blick geht von der Poop nach vorn. Deutlich zeichnen gegen das graue Tuch die Unterwanten des Großmastes, die Püttingwanten mit der Marssaling und dem Ansatz der Marsstengewanten, die nach oben zur Bramsaling führen.
Die Machart der Segel, ihre Zusammensetzung aus einzelnen Bahnen, wird hier deutlich. Auf den Segeln des Großmastes sind Doppelungen zu erkennen: Auf ihnen laufen, von Gatjens (Schlaufen) geführt, die Gordings, die zusammen mit den Geitauen zum Aufgeien der Segel benötigt werden. Die Gordings ziehen die Segel wie moderne »Wolkenstores« (Reffgardinen) zusammen. Die Gordings und Geitaue werden von Deck aus bedient.

Nächste Doppelseite: Blick auf Vortopp, Großstagsegel und Großtopp gegen den Zenith.

Der schmale Gang zu meiner Kammer hin ist weiß gepönt. Hier unter Deck sieht alles wie auf einem ganz gewöhnlichen Schiff aus. Der Boden ist sogar mit diesen verdammten graugrünen Gummiplatten belegt, auf denen man so leicht ausrutscht, wenn man nasse Sohlen hat. Zum Glück ist dieser Gang eng – viel enger als auf modernen Schiffen. So enge Gänge sind wohl nicht mehr erlaubt.

Die Kammer sieht auf den ersten Blick auch altgewohnt aus: nicht gerade so komfortabel wie heutzutage die Kammern auf jedem Containerschiff oder Tanker, also ohne Eisschrank. Und nach air-condition sieht es hier auch nicht aus. Einen Ventilator gibt es immerhin. Zwei Bulleyes – schönes blank gewienertes Messing – niedrige Decke, ordentlicher Schreibtisch. Viel dunkelbraunes Holz, weißer Lack.

Wer sagts denn! Hier wird sich schon leben lassen. Die untere Koje ist die meine. Sehr hohes Seitenbrett. Auch gut, da kann man nicht so schnell aus der Koje gekippt werden. Unter der Koje zwei Schubladen. Die rechte hat mein Kammergenosse, ein Divisionsoffizier, für mich leergemacht.

Mit einem schnellen Blick erfasse ich die Bilder über seinem Schreibtisch: Eine blondgelockte junge Frau mit zwei ebenfalls blonden Kindern – offenbar Knaben. Ich schätze die Wohlgenährten auf drei und fünf Jahre. Von allen dieser Buntfotos, 9×12 Zentimeter, starren mich sechs Augen an. Sie folgen mir, wohin ich mich auch in der Kammer wende.

Ein Divisionsoffizier, seine Flüstertüte in einer, die Batteriepfeife in der anderen Hand. Hinter ihm – im Blaumann – Leute der Segelwache, Lifebändsel um die Hüften: mit einem Palsteg verknotete Tampen mit Karabinerhaken zum Sichern an den Jäckstagen auf den Rahen.

Ein Wort zur Bordhierarchie: Ganz oben steht der Kommandant, hier ein Kapitän zur See. Über ihm (unsichtbar) nur noch der liebe Gott. Unter ihm ein Erster Offizier. Darunter drei Wache gehende Divisionsoffiziere. Dazu vier Segeloffiziere. Außerdem: ein schiffstechnischer Offizier, ein Versorgungsoffizier, ein Schiffsarzt.

Blick auf den Großtopp. Die Royal ist aufgegeit. Das Besanbramstagsegel hängt geborgen am Großmast über der Marssaling. Rechts ins Bild ragend der »Flögel« genannte Windsack, der auch noch bei schwachem Wind recht gut die Windrichtung anzeigt und in größerer Form auf den Flugplätzen vorkommt. Links das Besanstagsegel und darüber das Besanstengestagsegel.

Nächste Seite: Blick von der Back nach achtern auf dem Vormast mit allen seinen Rahsegeln. Unter der Fock hindurch geht der Blick weiter nach hinten auf den Großmast. Links oben die Köpfe der Stagsegel.

Übernächste Seite: Vormast mit der Marssaling –, den drei Großtagsegeln und dem Großmast mit seinen Segeln.
Unten: Kombüsenlüfter und Leinentrommeln auf der Achterback.

Merkwürdiger Zustand: Ich fühle mich an Bord noch befangen, zugleich aber auch schon heimisch. Ich suche in meiner Erinnerung nach einem Anblick, der mich so faszinierte wie die Takelage über mir. Eintritt in eine neue Welt, die mich sogleich ganz hinnahm. Wo war es? . . . Ich habe es: New York! Es ist wieder so wie damals, als ich das erste Mal in New York ankam: Alles war vertraut, als wäre ich in einem früheren Leben schon einmal in diesen tiefen Straßenschluchten herumgelaufen, aber zugleich war alles überwältigend fremd.
Die »Gorch Fock« in New York. Der Vergleich kommt nicht von ungefähr: Genauso wie jetzt habe ich in New York auch immer nach oben geblickt. Die skyscraper damals – die Segeltürme jetzt. Die Menschen kamen mir in der gewohnten Perspektive entgegen – Auge in Auge – aber hinter ihnen waren diese gänzlich ungewohnten gigantischen Formen, die ich zwar von vielen Bildern kannte, aber nun zum ersten Mal leibhaftig erlebte – genauso staunend wie jetzt. Auch Segelschiffe kenne ich ja von vielen Photos und von alten Stichen, auch von Filmen her, aber *jetzt,* in natura, ist eben alles ganz anders: noch viel großartiger, als ich je gedacht hatte – ich sehe Formen, Formenspiele, Formverschiebungen, die ich mir so faszinierend nicht vorstellen konnte. Die Segel über mir zerteilen den Himmel zu scharfkantigen Stücken wie blaues Glas: hier ein Dutzend gleichgroßer blauer Dreiecke zwischen den Wanten, da ein viel größeres blaues Dreieck, dort ein Splitter in Trapezform.

Je nachdem, wie ich die Augen einstelle, kann ich die Himmelsstücke positiv oder negativ sehen. Mit den Segeln ist es das gleiche: Sie sind entweder aus dem blauen Grund ausgestanzte zueinander kombinierte Formteile, oder auf den Himmelsfond aufgelegte.

Die ständige Verwandlung der Dreiecke und Rechtecke hält mich gefangen: Ein Segel, das eben noch wie eine scharfe Messerklinge über mir durchs Himmelsgrau schnitt, ist auf einmal, nur weil ich ein paar Schritte übers Deck gegangen bin, eine riesige von mir weg gewölbte dunkle Fläche, deren Unterkante eine neue Form ins Spiel bringt: einen weitgespannten Bogen.

Ich kann dieses Segel mit den Augen des IO sehen. Aber ich kann dieses und alle anderen Segel auch mit *meinen* Augen sehen. Dann sind die Wölbungen des grauen Tuchs von bewegender plastischer Vollkommenheit, und dann sind sie sogar noch mehr als starre Plastik, nämlich dynamisch bewegte, *lebendige* Plastik. Jede dieser Wölbungen vibriert von Leben, sie macht den Winddruck *sichtbar*.

Ich kann mich nicht sattsehen: Die Schönheit dieser gewölbten Segel nimmt mich ganz hin. Formen, die in ihrer Vollendung denen des Schiffskörpers gleichen. Ich erspüre eine merkwürdige Entsprechung zwischen den gegen den Wasserwiderstand gebauchten Formen des Rumpfes und denen der vom Wind geblähten Segel. Pralle Formen, weibliche Formen. Daß für den Seemann alle Schiffe weiblichen Geschlechts sind (er sagt *die* und nicht *der* »Gorch Fock«), erscheint mir zum ersten Mal logisch. Ein Segelschiff *ist* weiblich. Wenn ich den Blick nach oben richte, erscheint mir dieser Sprachgebrauch sinnfällig und logisch.

Es ist fast zwölf Uhr, der Lotse wird gleich von Bord verschwinden. Wir sind um Hamilton Island herumgegangen. Jetzt sind wir im South Channel. Wir werden bald entlang der Insel St. Georges fahren – ziemlich dicht unter Land.

Die See ist blaugrün. Das Weiß der Uniformen steht gut gegen diesen Hintergrund. Das Ruder ist jetzt von vier Rudergängern besetzt. Die Segelmanöver gleich nach dem Ablegen waren wohl mehr Show als Notwendigkeit. Zwischen den vielen Riffen war an richtiges Segeln nicht zu denken. Aber die Leute auf den Inseln sollten das Schiff unter Segeln sehen.

Jetzt wird die Lotsenleiter an Steuerbordseite ausgebracht. Essenszeit. Der Kommandant geht nicht mit in die Offiziersmesse. Er bekommt sein Essen in seinem Salon serviert und genießt dazu nur seine eigene Gesellschaft.

Nach dem Essen – Bratwurst, Kartoffeln und Salat – verhole ich mich zum Probeliegen auf meine Koje. Kaum bin ich eingenickt, werde ich auch schon schroff geweckt: Ich soll schnell an Deck kommen, ein Segler sei umgekippt. Seenotfall.

Sehr weit achteraus entdecke ich einen gekenterten Katamaran. Im Glas erkenne ich einen einzelnen Mann auf einem der Schwimmer. Anscheinend kann er das gekenterte Boot nicht selber wieder aufrichten.

Jetzt wird unser Diesel angeworfen. Sein Wuppern klingt befremdlich. Mit Dieselhilfe soll das Schiff schneller auf Gegenkurs kommen, als es mit Segeln möglich wäre.

Von der Küste ist kaum noch etwas zu sehen. Der Wind ist ablandig. Ich halte den Mann, der ohne uns wohl verloren wäre, im Glas fest: ein windiges Bürschchen, das jetzt oben auf dem Schwimmer im Schneidersitz hockt. So ein Boot kann man allenfalls zu zweien fahren und nur in Landnähe. Damit auf die offene See zu gehen, ist Wahnwitz. Der Mann hat keine Chance, ohne Hilfe wieder an Land zurückzukommen.

Dem Kommandanten wird gemeldet, daß der Funker schon in Verbindung mit der Hafenpolizei ist.

Aus dem Befehlsgebrüll höre ich heraus, daß der Kutter klargemacht werden soll. Auch die Schwimmer und die Taucher sollen sich klarhalten. Es wird aufregend: eine schiere Seenotorgie. Wie wird dem Burschen auf seinem Katamaran zumute sein, wenn er jetzt die »Gorch Fock« riesengroß auf sich zukommen sieht?

»Stop Maschine – stop!«

Der Gekenterte traut sich nicht einmal zu winken.

Ehe ich mich recht versehe, ist der Kutter schon zu Wasser. Bei all dem Befehlsgebrüll kann ich den einzelnen Aktionen kaum folgen. Ich muß mich auf meine Kameras konzentrieren. Jetzt das Teleobjektiv aufsetzen und die wie um ihr Leben pullenden Kuttergasten in den Sucher . . .

Das Schiff liegt still. Was soll mit dem Katamaran werden, wenn der Mann abgeborgen ist? Wohin mit dem verrückten Burschen? Vom Kutter aus wird dem Gekenterten eine Leine zugeworfen – erst beim dritten Wurf fängt er sie. Ich höre übers Wassers her unseren

Rechts: Kuttermanöver – aber diesmal nicht zur Übung: Der Posten Rettungsboje hat einen gekenterten Katamaran gemeldet – 5 Meilen von der Bermuda-Küste ab: Im Glas war zu beobachten, daß der leichtsinnige Sportsegler den Katamaran mit eigenen Kräften nicht wieder aufrichten konnte. Im ablandigen Wind wirkte sein Trampolin als Segel. Der Katamaran trieb in die offene See. Das große Segelschiff mußte als Retter fungieren: Die Schiffsführung ließ eine Wende fahren und das Schiff bis in die Nähe des Havaristen zurückmotoren. Dann wurde der Kutter ausgesetzt. Der Kutterbesatzung gelang es, den Katamaran wieder aufzurichten.

Schmadding in einem verrückten Englisch brüllen, daß der Bursche nun endlich die Leine dort, wo er hockt, festmachen solle.
Und nun wird der Kutter auf Gegenkurs manövriert. Offenbar soll versucht werden, den großen Katamaran aufzurichten. Aber fürs erste entsteht nur eine Schleppwirkung.
Da sehe ich im Sucher zwei Schwimmer in schwarzen Gummianzügen auf den Katamaran zu kraulen: unsere Leute. Die wissen offenbar, was zu tun ist: Sie klettern auf den im Wasser liegenden Schwimmer des Katamarans, um ein Gegengewicht gegen den Zug des Kutters zu bilden. Der Bursche hat nun auch kapiert, wie die Sache laufen soll und hilft mit.
Gebrüll von drüben: Der Katamaran ist aufgerichtet.
Der IO hängt seinen Blick an den Mund des Kommandanten: wie weiter? Da wird das Aufkommen eines Motorbootes von Land her gemeldet.

Rechts: Das Schiff hat außer den beiden Kuttern noch zwei motorisierte Boote: Den »Motkutter« und die Kommandantenpinaß (links im Bild). Mit dem Ladebaum (zwischen beiden Booten) werden sie ausgesetzt. Das ist nur bei ruhigem Wetter möglich. Die Männer vorn im Bild gehören zur Großtopp-Besatzung.

Die Kutterbesatzung, vor dem Kutter angetreten. Ehe der Kutter weggefiert wird, steigt die Kutterbesatzung über die Knüppelleitern ein. Während des Wegfierens greifen die Männer an den Manntauen (oben im Bild) Hand über Hand nach. Die Manntaue hängen am Genickstag.

»Das ist das Polizeiboot!« sagt der IO nach einer Minute.
»Gut!« höre ich den Kommandanten, »die nehmen den wahr. Da hat er sicher nichts zu lachen.«
Der Kutter ist bald wieder heran und kommt längsseits unter die Davits. Jetzt muß ich aufpassen und die Nikon gegen die Filmkamera tauschen: ein »Kutterläufer« von der Poop her gesehen – ein faszinierendes Bild: Der schwere Kutter mit allen Leuten darin wird unterm scharfen Taktpfeifen »aufgelaufen«. Das Mitteldeck bietet aber nicht viel Platz dazu. So muß jeder, der sich eben noch mit aller Kraft in die Leine gehängt und sich wie ein Treidler quer über das Deck gestemmt hat, am Ende seines Bewegungsraums schnell loslassen, zurückhasten und dort, wo er zuerst stand, erneut zupacken – ganz wie in alten Zeiten, als es noch keine Dampf- oder Motorwinden gab.
Als der Kutter bis unter die Davits aufgeheißt ist, kann ich ausrasten und dem Leichtsinnigen nachwinken, quasi als Dank für die bewegten Szenen, die er mir eingebracht hat.

Vorhergehende Doppelseite: Hier sieht man – Blick vom Poopdeck aus nach vorn – den Wald aus Masten, Rahen, Wanten, Fallen und sonstigem laufenden Gut. Die Wachmannschaft des Großtopps ist gerade zum Losmachen der Segel auf dem Wege nach oben. Man erkennt die Marssaling und die von ihr steil herunter gezogenen Püttingwanten. Die beiden ersten Männer haben sie gerade erreicht. Über die Marssaling geht es weiter die ausgewebten Marswanten hinauf zur Bramsaling. Am Großmast sind drei Rahen sichtbar: die Ober- und Untermarsrah und die Großrah. Die Obermarsrah wird nach dem Losmachen der Segel ein ganzes Stück gehievt. Die Unterrahen – Fock- und Großrah, sowie die Untermarsrahen – sind feste Rahen. Die großen Untersegel – die Fock und das Großsegel, aber auch die Untermarssegel – sind nur seitlich schwenkbar, mittels der Brassen, deren Holepunkte deutlich an den Rahnocken rechts zu erkennen sind. Auf dem Bild ist der Backbord-Großtoppnant zu erkennen mit dem dünnen »Tausendbein« daran, der »Schamfieling«. Tausendbeine der dickeren Sorte sind an den Pardunen angebracht – und zwar an jenen Stellen, wo die hart angebrassten Rahen sie berühren können.

Ein Bild, das einen Eindruck von der Mächtigkeit der stählernen Masten und Rahen gibt. In der Höhe der Großrah hat der Großmast einen Umfang von 2,11 Metern. Die Großrah selbst ist 24 Meter lang. Ihr Umfang ist in der Mitte 1,68 Meter. Die Großrah wiegt 2 860 Kilogramm. Dies, um einen Begriff vom Gewicht der gesamten Takelage zu geben.
Das hafenfest gemachte Besanstagsegel wirkt hier wie in einem Sack verstaut.

Blick nach achtern bei beschlagenen Segeln. Bildbeherrschend die Steuerbordwanten des Vortopps. Das Want besteht aus den vertikalen Hoftauen und den horizontalen Webleinen, auf denen die Besatzung aufentert. Hinter dem Want die Steuerbord-Pardunen des Vortopps: Pardunen sind jene stehenden Drahtseile, welche die Masten nach achtern verspannen. Zur Verspannung nach vorn dienen die Stagen. Die gesamte Takelage ist ausgesteift für Segeldruck von achtern.

Links: Steuerbord-Nagelbank am Besan. Die Tampen, die hier aufgeschossen sind, gehören zum Großtopp und zum Besan. Die ersten fünf sind Brassen für den Großtopp.

Rechts: Aufentern in den Großtopp. Auf diesem Bild deutlich: die verschiedenen Arten von stehendem und laufendem Gut: geschlagene Kunststofftampen, gedrehte Stahldrähte, »bekleedete« – das heißt mit geteertem Garn umwickelte – Hoftaue aus Draht, und – hier besonders ins Auge fallend – ein mit Holz gegen Schamfielen geschütztes Hoftau.

Das Steuerbord-Schothorn des Großsegels mit dem Schotblock. Bei den beiden größten Segeln – der Groß (200 m²) und der Fock (178 m²) – existiert nach unten kein Holepunkt mehr an einer Rah. Die Schot ist durch den Schotblock geschoren und hält das Segel nach achtern. Der Holepunkt für diese Schot liegt in der Bordwand. Das durchhängende Tau, das vom Schothorn nach vorn führt, ist der Steuerbord-Großhals. Ein Drahtseil, das im Bild nach rechts oben führt, ist mit Manilafasern – einem »Tausendbein« – umwickelt. Das Segel soll dadurch gegen Schamfielen (Scheuern) des Drahtes geschützt werden. Links die Steuerbordwanten des Großtopps. An der Bordwand nach außen ragt der Brassbaum des Vortopps.

Kutterbesatzung beim Boje-über-Bord-Manöver: Das Schiff kommt backgebraßt dem Kutter mit Fahrt über den Achtersteven entgegen. Die Heißtaljen für den Kutter hängen an Steuerbordseite herab.

Ein Brassbaum an Steuerbord. Er ist außenbords angebracht und mit Kettenenden an der Schiffswand abgesteift. Die unteren Rahen werden über solche Brassbäume bewegt. Die Brassen der Royal- und Bramrah hingegen laufen wegen ihrer Höhe annähernd horizontal zum dahinterstehenden Mast und dann erst nach unten.

Der Backbord-Stock- oder Admiralitätsanker auf seiner Ablagefläche, die »Schweinsrücken« heißt.

Blick auf den sonnendurchschienenen Groß-topp. Die Untersegel beider Masten sind auf-gegeit. Die anderen Rahsegel stehen back.

Jeder Teil des Oberdecks, das weiß ich noch gut, hat seinen Namen. Von vorn: Back, Achterback, Mitteldeck, Brückendeck. Das Achterdeck insgesamt heißt Poop. – Auf der »Gorch Fock« wird aber vom »Hüttendeck« gesprochen.

Auf dem Mitteldeck wird Reinschiff gemacht. Ein neues Bild: Die Spiegelung der Segel in den nassen Planken. Die Massen der weißen Türme haben sich verdoppelt. Ich kann mich an den neuen Bildern nicht sattsehen.

Ich beobachte zwei Leute in den Steuerbordwanten des Großmastes beim Annähen von Webleinen. (Webleinen sind die Trittleinen in den Wanten). Sie machen ihre Arbeit sehr geschickt.

Schon wieder komme ich mit meinem seemännischen Wortschatz durcheinander: Webleinen – hießen so nicht die am Rettungsboot außenbords ausgebrachten Leinen? No Sir, sage ich zu mir selber, das sind die *Sorgleinen.* – Ich sage mir vor: Webleinen werden an den Wanten festgeknotet, der Knoten wird Webleinenstek genannt. »Angenäht« werden die Enden nur an den äußeren Wanten.

Links: Eine graphische Komposition mit Linienbündeln aus Geitauen und Gordings des Vortopps. Dahinter die fünf Segeletagen des Großtopps.

Rechts: Bei »all-hands-Manövern«, solchen Manövern, die beide Wachen erfordern – Halsen und Wenden bei Starkwind – oder wenn es »kneift«, das heißt eine brenzlige Situation eintritt (Windsprung zum Beispiel), ist der Kommandant selber an Deck. Der IO (rechts neben dem Kommandanten) übernimmt dann vom WO das Kommando über beide Wachen. Wenn der »Alte« selber zur Flüstertüte greift, ist »Zustand«. Hier geht es um einen Seenotfall. Das Schiff ist beigedreht. Der IO gibt dem Kutteroffizier Weisung, wie er mit dem Kutter vorgehen soll.

Der scheinbare Wirrwarr der Takelage. Um auf die Salings zu gelangen, jenen »Artistenplattformen« an denen die Stengewanten ansetzen, muß man über die überhängenden Püttings (oder Püttingwanten) – ein schwieriges Stück und ein Staupunkt beim Aufentern.

Bei der harten Arbeit auf einer Rah: Das Focksegel wird festgemacht. Das schwere Tuch wird dabei in Buchten auf die Rah geholt und mit Beschlagzeisingen am Jäckstag festgebunden. Die Männer stehen dabei auf dem Fußpferd. Ihre Schuhabsätze geben ihnen Halt.

Graphismus aus dicken und dünnen Linien, Senkrechten und Diagonalen: Der Großmast und der Vormast mit der Marssaling. Die Segel sind aufgegeit: Geitaue und Gordings sind durchgeholt, die Segel hängen lose unter der Rah. Sie können jetzt sofort von Deck aus gesetzt werden.
Um alle Segel zu setzen, müßten dazu die drei oberen Rahen vorgeheißt werden. Nur die Unterrahen – die Großrah und die Fockrah sowie die Untermarsrah – sind nicht vertikal bewegbar.

Links: Beide Wachen stehen klar zum Manöver angetreten. Beide Wachen – das sind alle Lehrgangsteilnehmer mit ihren Ausbildern –: 130 Mann. Auf dem Mitteldeck sind um den Mastgarten des Großtopps die Männer der zwoten Division angetreten . Die fünf Reihen der Männer an Steuerbordseite entsprechen den fünf Segeletagen. Die Gruppe vorn links sind die »Stagsegelfahrer«. Sie bedienen die Besanstagsegel.

Rechts: Blick aus dem Vortopp auf Rahen und Segel: Bram, Obermars, Untermars und Fock. Oben im Bild die Vorsegel: Jager, Außenklüver, Innenklüver. Unten im Bild: die drei Großstagsegel, darunter das Schothorn der Groß.

Die Stagsegel des Besanmastes stehen voll. Ich benenne die Segel für mich selber von unten nach oben: Besanstag-, Besanstengestag-, Besanbramstagsegel.
Alle diese Segel sind »Schratsegel«. So heißen Segel, die nicht an Rahen gefahren werden.
Und nun auch gleich die Rahsegel des Großmastes – diesmal von oben nach unten: Royal, Bram, Obermars, Untermars, Groß. Die großen Viermaster führten noch eine Segeletage mehr: Die Bram war in Oberbram und Unterbram geteilt.
Wir haben Kurs 337, Wind aus 240 Grad. Aus Fahrtrichtung (Kurs) und Windrichtung errechnet sich die »Anströmung«. Die Anströmung ist jetzt 97 Grad: der Winkel zwischen Richtung des Windes und Schiffslängsachse. Anders gesagt: Die Anströmung ist der Winkel aus der Schiffsvorausrichtung und der Richtung, aus der der Wind einfällt. Die Rahen werden so gebraßt, daß sie diesen Winkel halbieren. So jedenfalls mache ich es mir grob zurecht.
Die Segel sind jetzt hart über Steuerbordbug gebraßt. Ich weiß, daß auf die Segel nicht nur die Schubkraft des Windes wirkt, sondern auch der Sog, der auf der Gegenseite des Segels entsteht. Auf der Schubseite herrscht Überdruck, auf der Gegenseite Unterdruck – also Sog: So habe ich es gelernt. Das Verhältnis von Schub und Zug richtet sich nach der Richtung der Anströmung. Wenn die Anströmung sehr spitz ist, entsteht zwar wenig Schub, aber auf der anderen Seite relativ viel Sog. Ich staune selber, wie gut das noch sitzt.
An den Rahen wird jetzt Feinarbeit geleistet. Die Segel sind offenbar noch nicht gut genug ausgerichtet. Die Rahen zeigen von unten her gesehen einen leichten Fächer. Sie sollen jetzt offenbar genau in Deckung stehen. Also werden sie nachgebraßt. Ich kapiere: Bei achterlichem Wind wird nicht fächerförmig gebraßt. Es geschieht nur, wenn die Komponente aus Fahrtwind und wahrem Wind oben eine mehr achterliche Richtung ergibt als unten. Später wird die Großroyal wieder nachgebraßt. »Weil der Wind jetzt oben raumer kommt«, höre ich vom Wachoffizier, »besser: weil er jetzt raumer kommt. Das heißt: Er hat ja schon geraumt.« Ich erfahre einmal mehr, wie präzise hier formuliert wird.
Der Kapitän würde gern härter an den Wind gehen. Aber mit einem Kurs härter am Wind kämen wir nicht nach Boston. »Dem Teufel ein Ohr absegeln«: Ich dachte immer, das bedeute hart *am* Wind fahren. Jetzt habe ich erkundet: Nicht nur hart am Wind, also so hoch wie möglich, sondern auch voll und bei oder ganz raum, kann man soviel Zeug fahren, bis man wahlweise das Teufelsohr absegelt oder dem Schiff die Masten.
Die Besatzung läuft zum Teil in Blau herum, zum Teil in Weiß mit Kieler Kragen, Die Leute, die Blau tragen, gehören zur aufgezogenen Wache. Ihr overallartiger Anzug wird »Blaumann« genannt. Der normale Tagesdienstanzug an Bord ist weißes Takelpäckchen. Die Offiziere tragen jetzt Khaki: lange Hose oder kurze Hose.
Auf der Backbordseite der Großrah werden von zwei Leuten Gordings überholt. Die Gordings dienen zusammen mit den Geitauen, die an den Schothörnern ansetzen, zum Aufholen der Segel unter die Rah – die Gordings ziehen die Segel hoch wie Wolkengardinen.
Ein Seemann poliert die Schiffsglocke. Alle halbe Stunden wird diese Glocke vom Matrosen der Wache angeschlagen – es wird »geglast«. Eine Wache hat acht Glasen, gleich vier Stunden. Für die um 8 Uhr beginnende Wache gilt: 8.30 ein Schlag, um 9.00 ein Doppelschlag, 9.30 ein Doppel- und ein Einzelschlag, 10.00 zwei Doppelschläge. Jedes Mal wird vor dem Anschlagen mit dem Ruf: »Wahrschau, es wird geglast!« gewarnt, weil die Glocke sehr laut ist.
Die Länge der »Gorch Fock« mitsamt Bugspriet »Länge über alles« beträgt 89,30 Meter. Der Großmast des Schiffes ist 45,4 Meter hoch, gemessen von der KWL aus, der Konstruktionswasserlinie. Die Gesamtsegelfläche aus 23 verschiedenen Segeln beträgt 2037 Quadratmeter. Im Verhältnis zu einem so riesigen Segelschiff wie der »Preußen«, ist die »Gorch Fock« klein. Die »Preußen«, die 1902 vom Stapel lief, hatte 5500 Quadratmeter Segelfläche, sie war 134 Meter lang und 16,5 Meter breit. Auf ihren Salpeterfahrten zwischen Europa und Chile erreichte sie 19 Knoten. Die »Preußen«, die 58 Mann Besatzung hatte, trug eine Segeletage mehr als die »Gorch Fock«. Es gab auch Schiffe, die an ihren 5 Masten – als oberste Segel über den Royal-Segeln die Sky-Segel fuhren, die im Seemannsslang »Skysel« heißen.

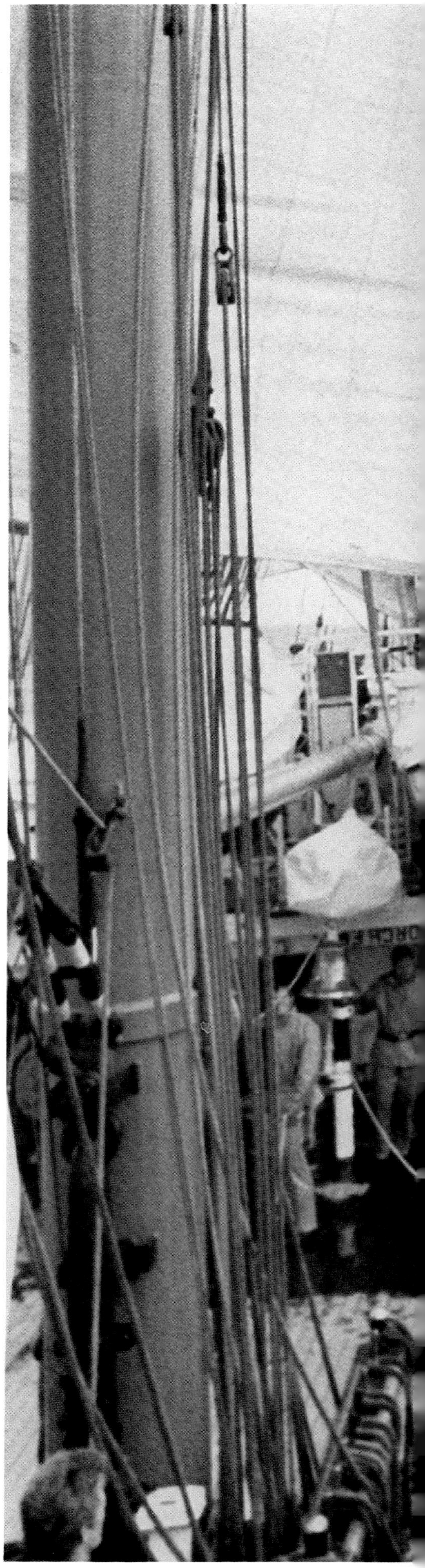

Rechts: Panne beim Segelsetzen. Das Obermarsfall kann nicht durchgeholt werden, weil sich ein Niederholer verklemmt hat. Zwei Toppsgasten müssen schnell aufentern, um die Wooling zu klarieren. Eine Szene, die nicht ohne viel Befehlsgebrüll abgeht – es herrscht »Stimmung«.

Musterung der Segelwache auf dem Mitteldeck. Im Hintergrund: der Auspufftopf für die Maschine, Windhuzen, Steuerbordkutter, ein »Tausendbein«, der Besanmast mit dem unteren Besansegel. Links im Bild die Spannschrauben der Wanten: Sie sind in Augen eingeschäkelt, die mit dem Deck verschweißt sind. Davor die Nagelbank. Die Taue rechts im Bild: Geien und Gordings. Sie dienen zum Aufholen eines Rahsegels unter die Rah.

Blick aus dem Vortopp nach unten. Das Segel mit dem Schattenriß der Photographenbeine ist die Vorroyal. Links neben diesem Schatten die Royalpardunen. Das Stagsegel rechts unten ist das Großroyalstagsegel.
Nächste Seite: Aufentern in den Vormast. Über die Bramsaling geht es hoch bis zur Plattform für die Positionslaterne. Besonders markant: die Tausendbeine, mit denen die Toppnanten vor dem Schamfielen gegen Pardunen geschützt werden.

Die Bilder werden außer von den Rahen von den Stengen des Mastes beherrscht, jenen obersten Teilen, die abgefiert werden können, wenn das Schiff unter Brücken – zum Beispiel denen des Nordostseekanals – hindurchfahren soll: eine infolge der großen Gewichte, die in der Höhe bewegt werden müssen, so interessante wie schwierige seemännische Arbeit. Auch bei alten Segelschiffen bestanden die Masten nicht aus einem Stück sondern aus drei bis vier Stengen: So große Bäume wie das Segelschiff sie braucht, gab es nicht.
Außerdem macht der kunstvoll nach Zug und Druck verspannte unterteilte Mast die Takelage stabiler, als ein Mast aus einem einzigen Stück es könnte.
Übernächste Seite: Die Pflege der Takelage erfordert viel Arbeit. Hier ist ein Mann dabei, im Bootsmannsstuhl am Besan einen Block der Gaffelgeere zu überholen.

Die Crew der »Gorch Fock« ist insgesamt 256 Mann stark. Die letzten Handels-Großsegler, »Pamir« und »Passat« der Reederei Laeisz, hatten insgesamt etwa vierzig Mann Besatzung. Die »Passat« war vier Meter breiter und zwanzig Meter länger als die »Gorch Fock« und trug die doppelte Fläche Segel. Ihre Ladefähigkeit war etwa viertausend Tonnen. Die »Gorch Fock« fährt keine Ladung. Ihre Verdrängung ist 1870 Tonnen. (Bei Segelschiffen ist der Unterschied zwischen Ladefähigkeit und Verdrängung geringer als bei Dampfern.)
Im Gegensatz zu alten Handelssegelschiffen werden auf der »Gorch Fock« beim Wendemanöver die Brassen beider rahgetakelten Masten gleichzeitig besetzt. Auch die Arbeiten am Besantopp können mit der vielköpfigen Besatzung gleichzeitig erledigt werden.
Heinrich Hausers Beschreibung eines Wendemanövers auf der Viermastbark »Pamir« entspricht durchaus der üblichen spöttischen Beschreibung des Seemannslebens: »Die Matrosen hüpften von Mast zu Mast ...«.
Auf den Laeisz-Seglern war es möglich, mit nur vier bis fünf Mann die Rahen zu brassen. Die Schiffe hatten Brass- und Fallwinden. Auf der »Gorch Fock« werden zum Bewegen der Rahen sehr viel mehr Leute gebraucht, weil es solche Brasswinden wie auf der »Passat« und auf der »Pamir« nicht gibt. Alles muß hier vielmehr Hand über Hand geholt werden. Ein Schiff wie dieses würde, auch wenn es kein Schulschiff wäre, sondern mit Ladung fahren müßte, vierzig bis fünfzig Mann allein zur Bedienung der Takelage brauchen.
»Meist fuhren die letzten Segelschiffe Getreide aus Argentinien heran oder aus Australien. Von Deutschland aus wurde auch schon mal Kohle gefahren, aber die Zielhäfen lagen größtenteils in Südamerika«, erzählt mir der erste Offizier. »Ursprünglich war dieser Typ Schiff – also die Viermastbark – als Salpeterschiff gedacht. Solche Schiffe mußten ums Kap Horn herum, um Guano aus Chile zu holen. Nach der Erfindung des Kunstdüngers lohnten sich die Fahrten nicht mehr.«

Es gibt drei Divisionsoffiziere: Kapitänleutnant Zimmermann, Kapitänleutnant Thomsen, Kapitänleutnant Krämer. Zwei Divisionsoffiziere sind für die Ausbildungsdivisionen zuständig, der dritte für die Stammdivision. Dem Kapitänleutnant Krämer untersteht die Stammdivision – das sind die Leute, die schon seit längerer Zeit an Bord sind.
Außer den Divisionsoffizieren gibt es vier Segeloffiziere, die jeweils eine Wache führen.
Der Kommandant läßt sich beim Unterricht selten sehen. Für ihn sind die vielen Leute an Bord vor allem dazu da, das Schiff fortzubewegen. Erziehung durch die Elemente hält er – ohne daß er das offen zugäbe – für wichtiger als Erziehung durch irgendwelchen Unterricht.
Ich schicke meinen Blick nach oben, hoch hinauf zu den Leuten auf den Fußpferden der Royalrah: Menschen von unten in verrückten Verkürzungen – wie Seiltänzer, aber aus einer ungewohnten Perspektive, quasi aus der Mitte der Manege gesehen, aus einer Position direkt unter dem Seil. Die Füße groß, von den Köpfen nur ein schmaler Anschnitt. Die mächtige Rah sieht auf einmal aus wie eine viel zu gewaltige Balancierstange. Die Leute da oben sind beim Segelreffen. Armlänge um Armlänge wird das Segel über die Rah weg aufgeholt und wie ein Harmonikabalg zusammengefaltet. Im Sturm möchte ich das nicht machen müssen. Ich weiß, wie lebendig so ein Segel sein kann, wild wie ein im Todeskampf um sich schlagender Hai.
Die Leute tragen beim Aufentern einen Tampen mit einem Palstek um den Bauch und einen Karabinerhaken – das Ganze wird Lifebändsel genannt.
Wettentern zwischen den einzelnen Masten, bei dem früher manches Unglück passierte, ist heutzutage verboten.
Ein rotbärtiger Oberbootsmann erklärt mir auf der Poop vor dem wegen seiner kuriosen Form »Klavier« genannten Notruderstand, wie gefährlich der Besanbaum werden kann, wenn er sich losmacht. »Der wird zur Furie! Da hat mal einer vor Schreck die Besanschot losgelassen – da war dann aber wirklich was los!«

Sonntagsroutine im Wohndeck. An anderen Tagen sind die Hängematten tagsüber weggestaut und Backen (Tische) und Bänke in die Halterungen unter der Decke geschoben. Der Raum ist dann ganz kahl. Die blauen Sicherheitslampen bleiben Tag und Nacht brennen. An der spartanischen Ausstattung des Mannschaftsdecks eines Schulschiffs hat sich seit Kaisers Zeiten kaum etwas geändert.
Auf den alten Handelsseglern wurde im Zwischendeck Ladung gefahren. Die damals viel kleineren Besatzungen waren unter der Back – also im Vorschiff – untergebracht.

Nach und nach verstehe ich das Befehlsgebrüll besser. Auf die meisten Befehle weiß ich mir schon einen Vers zu machen. Meine anfängliche Hilflosigkeit schwindet, ich beginne das komplizierte System des stehenden und laufenden Gutes zu begreifen, ja, ich delektiere mich schon daran, wie geschickt die so zerbrechlich erscheinenden Masten und Stengen gegen Zug und Druck abgefangen sind, wie sinnreich hier alles ineinanderläuft.
Wenn ich jetzt den Segeloffizier brüllen höre: »Toppsgasten von beiden Wachen enter auf!« weiß ich: »Toppsgasten« sind speziell eingeteilte Matrosen, die bei einem Manöver zu allererst aufentern. Der Befehl für sie kommt gleich nach »beide Wachen – – klar zum Manöver». In der Marssaling und der Bramsaling nehmen diese Matrosen feste Stationen ein und beobachten das Klarlaufen der Tampen beim Hochhieven der Rahen und überholen die Gordings.

Elegische Stimmung im Mannschaftslogis nach dem Mittagessen. Die große Ketchupflasche auf der Back wird »Feuerlöscher« genannt. Bis zwanzig Minuten vor 14 Uhr dürfen die Backen und Bänke stehenbleiben. Dann müssen sie in Halterungen unter die Decke gestaut werden.

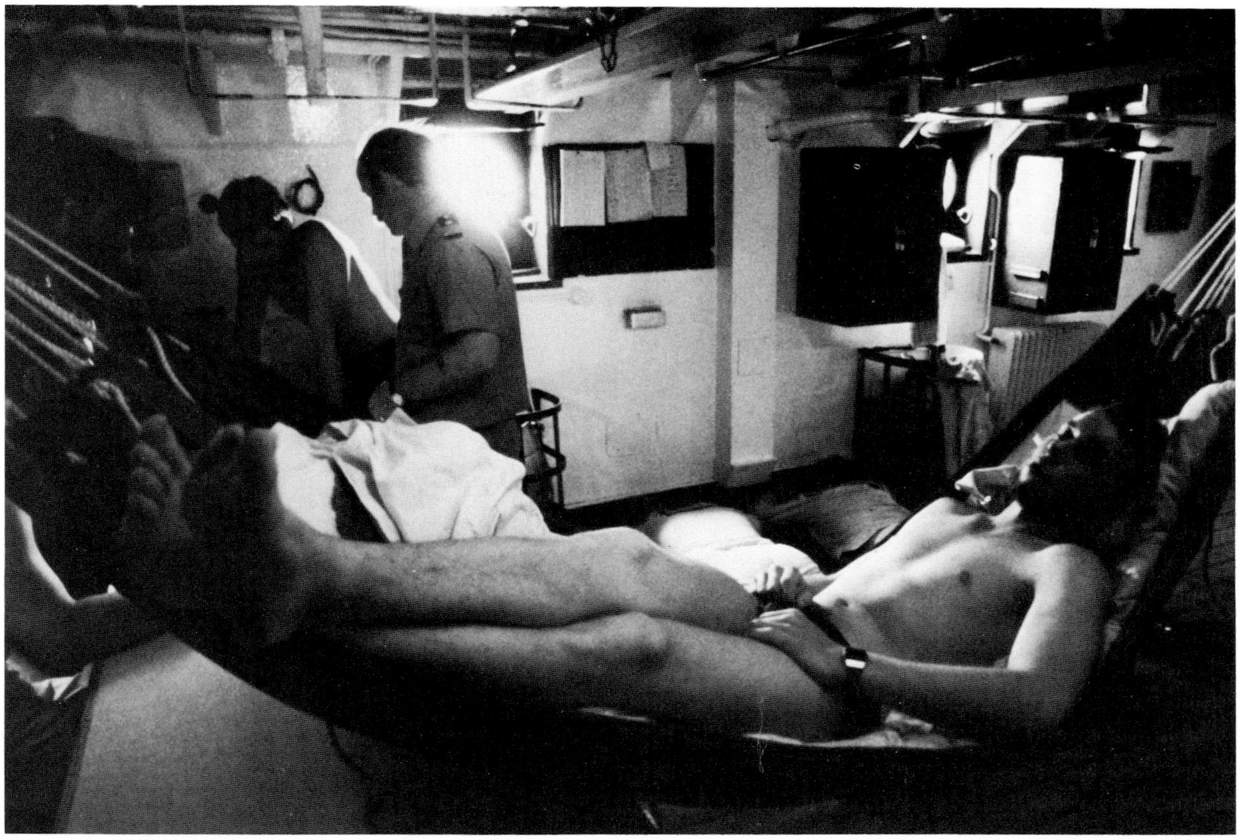

Das Mannschaftslogis im Zwischendeck entspricht dem Raum, in dem auf alten Windjammern die armen Auswanderer zusammengepfercht hausen mußten.

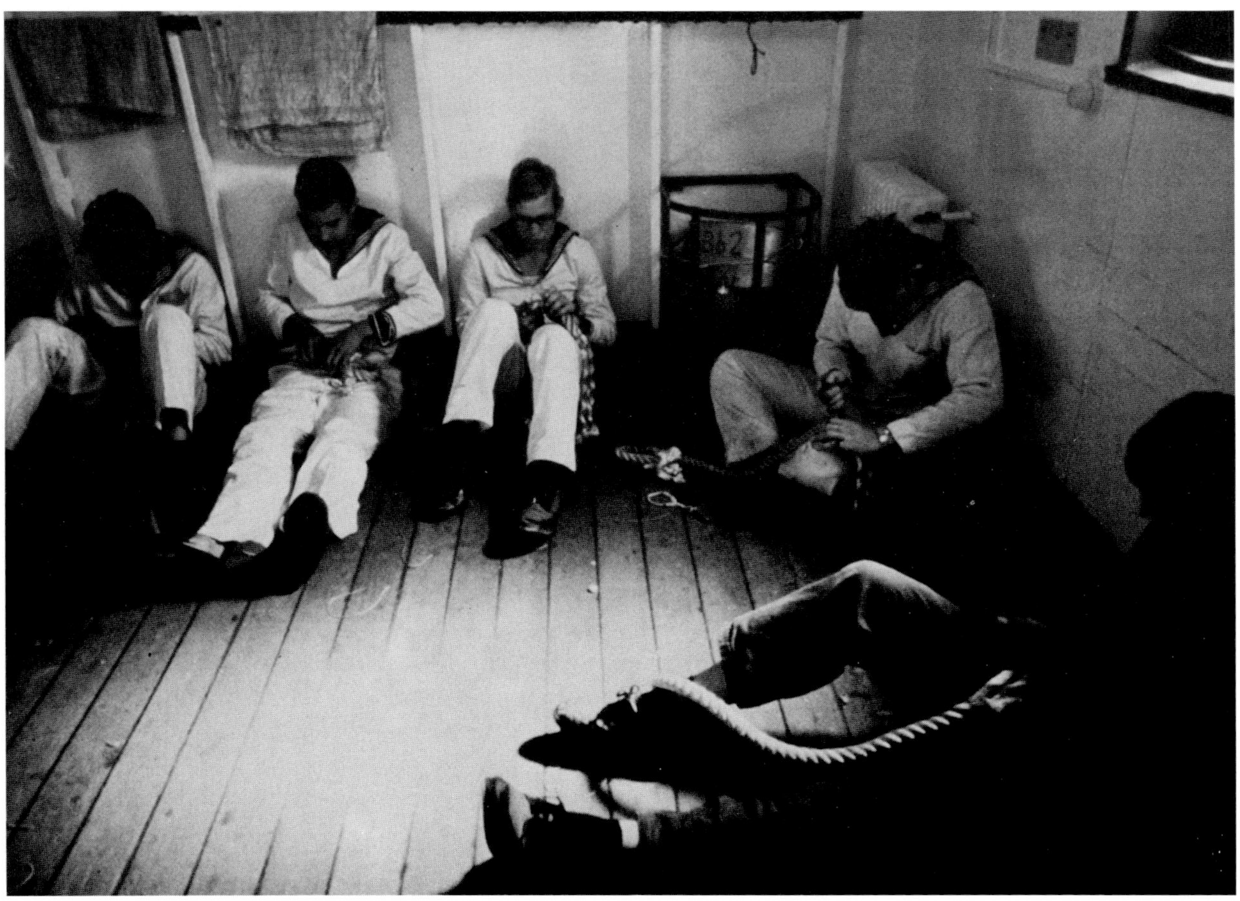

Unterricht im Mannschaftslogis: Tauspleißen.

Gut gezurrte Hängematten galten früher als Rettungsmittel. (Die Frage ist, ob das den Leuten nicht nur zum besseren Drill vorgegaukelt wurde.) Heute sind automatische sich aufblasende Rettungsinseln und Schwimmwesten an Bord. Auf alten Kriegsschiffen wurde mit Hängematten die Reeling verstärkt und zum Kugelfang gemacht.

Jetzt begreife ich auch, wie es dazu kommen kann, daß Segelschiffe, wenn sie auf Riffe auflaufen und sich den Rumpf aufreißen – wie zum Beispiel bei den Scilly Islands – gleich auch die Masten einbüßen und so auf doppelte Weise zu Wracks werden; jammervolle Anblicke, wie die alten Photos der Gibsons zeigen: Das Zug- und Drucksystem der Takelage ist eben so fein ausgeklügelt und dadurch so verletzlich, daß es total zusammenbricht, wenn andere Kräfte als See und Sturm auf das Schiff wirken.

Ich weiß, daß sogar schon eine starke Dünung bei Windstille für ein Segelschiff verheerend sein kann, – schlimmer als ein schwerer Sturm: Es kommt ins regellose Taumeln, es hat keinen Halt am Wind, keinen Gegenhalt im Wasser. Das Unglaubliche kann dann bei blauem Himmel geschehen: Rahen kommen von oben, die Takelage stürzt mit herab, das Schiff wird zum Wrack. Es soll Schiffe gegeben haben, die in solcher Situation richtiggehend »entlaubt« wurden.

Diese Hängematte ist nicht gestreckt genug, es fehlen die Spreizlatten. Man kann sich in ihr nicht richtig ausstrecken. Die Hängematten haben Hängemattssteerte zum Ring vorn und achtern, daran die Zurrings zu den Gatjen an den Enden des Hängemattuches aus imprägniertem dicken Gewebe. Für die Zurrbändsel gibt es Schlaufen, wie beim Dufflecoat. Im Hängemattuch liegt eine dünne gute Matratze aus Roßhaar in Segeltuch – früher gab es nur eine aus Seegras.

Nach dem Wecken müssen die Hängematten abgeschlagen und gezurrt werden. Dann ist an Oberdeck Hängemattenmusterung durch den Maaten der Wache. Nach der Musterung werden die gezurrten Hängematten in einer speziellen Last verstaut.
Der Mann rechts hat sich beim Verstauen einen Fingernagel abgebrochen.

Die Szene spielt auf dem Poopdeck an Steuerbordseite neben dem Deckshaus, das Kartenraum und Funkschapp enthält. Die Besansgasten sind dabei, die Steuerbord-Großbrass mit »Hol weg!« durchzuholen, bis der Vorhandsmann – links im Bild – »Fest!«, brüllt, dann mit Garnstopper abkneift und auf dem nicht mehr sichtbaren Belegnagel belegt.

Links: Blick vom Hüttendeck nach vorn, während die Royal gesetzt wird. Das Vorschoten ist beendet, jetzt muß das Royalfall geholt werden.

Rechts oben und unten: Blick aufs Mitteldeck. Das Kommando zum Setzen der Royalsegel ist gefallen (»Heißt die Royal!«). Die Royalrah, mit dem an ihrem Jäckstag angenähten Segel wird durch Auflaufen des Royalfalls geheißt. An Backbordseite läuft eine andere Gruppe das Fall der Royalrah mit dem Royalsegel des Vormastes auf. Rechts im Bild unten ein Dreischeiben- und ein Zweischeibenblock, in deren Mitte ein Einscheibenblock. Der Dreischeibenblock ist die Talje zum Fall des Großobermarssegels (häufig bezeichnet auch als Kapitänsfall). Der zweischeibige Block gehört zum Fall, das gerade gehievt wird: dem Royalfall. Die Leute im Ölzeug sind Männer der eingeteilten Wache, die Leute im »Blaumann« gehören zum Arbeitsdienst. Das Kommando: »Beide Wachen klar zum Manöver!« hat sie an Deck geholt.

Ich bestaune immer wieder die einfache aber sinnreiche Konstruktion der Verbindung der festen Rahen und der Masten: Diese Rahen bewegen sich nicht auf und ab – also nicht in der Vertikalen, aber horizontal sind sie mit Hilfe eines ingeniösen Zapfensystems bewegbar.
Mit dem Kopf im Nacken, versuche ich mir vorzustellen, wie die schwierige Aufgabe des Verkürzens der Masten durch Einfieren der Stenge bewältigt wird, wo die Taljen angeschlagen werden, wie die obere Rah heruntergefiert wird. Muß eine Heidenarbeit sein. Bei der Fahrt durch den Kaiser-Wilhelm-Kanal muß sie geleistet werden, das Schiff käme sonst nicht unter den Brücken hindurch: Masthöhe Großmast über Konstruktionswasserlinie = 45,4 Meter.
Ich sehe und staune: Thomsen im Blaumann, Lifebändsel um die Hüfte. »Toppbegehung!« gibt er mir Bescheid, »einmal in der Woche muß ich hoch . . .« Damit hat er sich auch schon auf die luvseitige Nagelbank geschwungen und beginnt seinen Aufstieg über die Webleinen des Steuerbordwants des Großmastes. Der Wind »schralt«. Das bedeutet: Er wird für den Kurs des Schiffes »schlechter«. Der Wind »raumt« bedeutet: Er wird »besser«, kommt günstiger.

Links: Brassen des Großtopps über den Holepunkt an der Nagelbank querab des Besanmastes. Oben: Der Ruderstand. Das messingne Gehäuse des Magnetkompasses ist fürs Einlaufen auf Hochglanz poliert worden. Die beiden Eisenkugeln im Vordergrund dienen der Kompensation des Magnetkompasses. Links und rechts zwei Kreiselkompaßtöchter. Ihr Mutterkompaß sitzt in der Mitte des Schiffes in Höhe des Plattformdecks.
Der Kreiselkompaß ist das wichtigste Navigationsinstrument des Schiffes. Die alten Segelschiffahrer mußten mit dem Magnetkompaß auskommen. Wenn sie metallene Rahen fuhren, kam es zu unterschiedlichen Ablenkungen, je nach Brasstellung.

Es gibt auf diesem Schiff keine Rudermaschine – das Schiff hat quasi keine Servolenkung. Die Kraft, die auf das Ruder wirken soll, muß von Muskeln aufgebracht werden. Sie wird über eine Spindelwelle auf das Ruderjoch übertragen. Bei schwerem Wetter wird die Kraft von sechs Mann gebraucht. Wenn sechs Mann *ein* Steuerrad bewegen wollten, würden sie sich böse im Wege stehen. Deshalb sind hier drei Steuerräder hintereinander auf die gleiche Welle gekoppelt, eins für je zwei Rudergänger.
Der Anblick der Segeltürme über mir hat auf mich eine stark beruhigende Wirkung: Auf diesem Schiff, das wuße ich von der ersten Stunde an, komme ich endlich wieder mit mir selber zurecht. Wenn ich es jetzt noch fertigbrächte, die Arbeit Arbeit sein zu lassen, also die Kameras in ihren Taschen und die Schreibstifte dazu, könnte ich ein beneidenswertes schönes Leben haben. Aber faulenzen – das schaffe ich nicht. Ich muß auch hier etwas zu tun haben, anstatt mich ans Nichtstun zu verlieren. Ich will die Zeit an Bord nutzen, um dazu zu lernen.
Ich rappele mich also gleich wieder aus meiner Versunkenheit auf, ja, ich pariere mich richtig durch: Up, up, old chap – wie hätten wir es denn!

Mit »Hol weg!« wird der Großtopp gebraßt. Im Shanty vom »Hamburger Veermaster« klagen die Männer, daß das Brassen in die freien Abendstunden verlegt wurde:

»Do wör bi Dag keen Tid to brassen . . .« Auf der »Gorch Fock« wird zu jeder Stunde um jeden Meter Luv gebraßt, um dem Schiff mehr Fahrt zu geben.

Mann (Boje) über Bord!
Feuer im Schiff!
Macht die Schotten dicht!
Auf Bergestationen!
Ruderversager!
Alarmanlage wird probiert!

Links: Besansgasten auf Manöverstation klar zum Manöver angetreten.

Darunter: Männer beim Brassen der Groß (des Großsegels).

Rechts: Noch nicht aufgeschossenes Tauwerk der Backbord-Besans-Nagelbank außen und der Besans-Nagelbank mittschiffs – nach dem Manöver und noch vor dem Befehl: »Klar Deck!«
Oben in der Bildmitte ein aufrecht an der »Hütte« festgelaschter Stockanker als Reserveanker.

Vorhergehende Doppelseite: Vordeck, Steuerbordseite. Wegen des schlechten Wetters ist vom WO »Anzug Regenzeug!« befohlen worden. Knochenarbeit steht an: Der Vortopp muß gebrasst werden. Diese Arbeit wurde auf den letzten »echten« Windjammern mit Hilfe kräftesparender Winden besorgt. Hier aber muß alles Hand über Hand geholt werden.

Blick vom Bugspriet aus auf die Back. Über die Back spannt sich die Fock. Vor der Steuerbord-Ankerklüse und hinter der Monkey-Reeling der Posten Ausguck. Groß vorn im Bild das Vorstengestagsegel und der Innenklüver. Deutlich zu sehen sind die an beiden Seiten des Schiffes quer abstehenden kurzen Spieren, an denen die Umlenkrollen für den Steuerbord- und Backbordhals sitzen. Sie sitzen deshalb außenbords, damit das Segel, das ja breiter ist als das Schiff, auch breit genug stehen kann.

Der Ruderstand der Gorch Fock. Vor dem Ruderstand der Magnetkompaß, links und rechts davon Kreiselkompaßtöchter. Daneben der Ruderlageanzeiger.

Auch wenn ich den Sucher der Filmkamera nicht am rechten Auge habe, mache ich mit dem bloßen Blick kameragerechte Fahrten: von der Nagelbank am Großmast und dann an jenen waagerechten Verspannungen hin, die den Vergleich mit einem Spinnennetz für das stehende und laufende Gut heraufbeschwören: Großroyalbrass, Großbrambrass und die Geitaue und Gordings des Großtopps.

Mein Blick bleibt immer wieder an der Saling stehen. Die Püttings schaffe ich nicht. Über die Saling komme ich also nicht hinweg. Den Überhang soll der Teufel holen. Früher hätte ich mich auch mit dem Kopf nach unten die Wanten hochgetraut – aber jetzt?

Wenn man unter dem Bugspriet im Klüvernetz hockt, wird man dem Schiff um die Distanz zweier Weitsprünge vorausgetragen. Das Schiff folgt einem nach, man schwebt dem Schiff voraus. Dann wieder ist es, als wäre man selber samt dem Schiff mit seinen Segeltürmen nicht in Bewegung, als würde unter einem nur ein Band mit dem Muster der grünschwarzen See hindurchgezogen. Dieses Band wird vom scharfen Steven wie von einem Messer durchtrennt. Weit hinter der Stevenschneide erst, dort wo der Schiffskörper sich schon nach außen baucht,

Blick nach achtern auf den Ruderstand und den Besanmast. Dieses Bild wurde gemacht, als die »Gorch Fock« motorte: Zu den Rudergängern ist ein Posten-Maschinentelegraph aufgezogen.

Dieser Raum entspricht dem Brückenhaus eines normalen Schiffes. Er hat aber auf der »Gorch Fock« nicht die gleiche Funktion, weil die wachhabenden Offiziere sich unter offenem Himmel aufhalten und zwar auf der Vorderseite der Poop. Dieser Raum wird deshalb auch besser als »Kartenhaus« bezeichnet. In diesem Kartenhaus befinden sich – ein Tribut an die technische Entwicklung – nautische Instrumente wie Radar, Decca, Funkpeiler, UKW-Sprechgerät. Hier wird das Zwitterwesen des Schiffes deutlich: So sehr man auch beim Bau der »Gorch Fock« an der Konzeption eines alten Segelschiffes festhielt und sogar stolz darauf ist, daß nicht einmal Brasswinden, wie auf »Pamir« und »Passat« üblich, an Oberdeck stehen, so willig wurden doch moderne Navigationshilfen eingebaut. In der Bildtiefe das Radargerät mit seinem Gummiaufsatz, der das Tageslicht abschirmt. Der Mann am Kartentisch hat das Laufbahnabzeichen eines Funkers am linken Ärmel. Ein Funker auf einem Segelschiff – auch das ist schon ein Widerspruch.
Das Schiff ist quasi ein frisierter Oldtimer. Die letzten Laeisz-Schiffe, »Pamir« und »Passat«, waren »ehrlichere« Schiffe, obwohl auch sie einige moderne Navigationshilfen hatten. Zu einem echten Oldtimer würde auch eine wesentlich geringere Besatzungszahl gehören als dieses Schiff sie hat. Richtige Windjammer hatten einen Kapitän und einen ersten und zweiten Steuermann und eine Segelcrew von höchstens vierzig Mann – das gilt aber schon für große Schiffe. Die »Gorch Fock« hat normalerweise 250 Leute an Bord, von denen freilich die meisten erst ausgebildet werden sollen. Auf diesem Schiff dient die moderne Technik mehr zur Sicherheit als zur Erleichterung der Arbeit.

springen zu beiden Seiten die weißen Schaumbänder aus der See, die sich vom Schiff fort unablässig wälzen und dröseln, zerfransen, zerfetzen: das alte Spiel, an das ich mich immer wieder ganz verlieren konnte. Aber bislang habe ich auf Schiffen entweder nur ein Schaumband von zweien gesehen – oder, wenn ich mich vorn im Bug weit über das Schanzkleid hinausbeugte, ein kurzes Stück von beiden. So wie jetzt den Bug mit zwei lebendigen weißen Flügeln zu sehen, habe ich mir immer nur wünschen können. Wir machen nicht viel Fahrt, und deshalb trägt der Bug auch nur kleine Flügel. Aber ich kann mir vorstellen, wie es aussieht, wenn der Steven doppelt so schnell wie jetzt in die See schneidet, was für ein Tumult dann zu beiden Seiten des Vorschiffs herrscht. Ich kann mit dem inneren Ohr die Detonationen vom Einsetzen des Bugs hören und mit dem inneren Auge sehen, wie die weißen Fetzen nur so fliegen und sich zu gewaltigen Schwingen formen.
Die Bugsee und die Hecksee: Mich hat der Anblick des vom Schiff aufgewühlten Wassers immer fasziniert. Stundenlang konnte ich wie in ein riesiges Kaleidoskop mit ständig sich ändernden Formen blicken. Sonst war es immer die Kraft der Schiffsmaschinen, die diesen

Formentumult erzeugte – diesmal ist es der Wind in unseren Segeln, der die Bugsee aufrauschen läßt.
Ich habe mir ein Segelschiff grauer, von Wind und See abgenutzter vorgestellt, als eine Art fliegender Holländer mit ächzenden Planken und knarrenden Blöcken.
Hier aber wirkt alles wie neu: bestens in Schuß. Nirgends Grünspan auf dem Messing, kein Teerfleck auf den Oberdecksplanken: ein Schiff, mit dem sich Staat machen läßt. Schließlich ist die »Gorch Fock« ja auch ein Staatsschiff, sage ich mir. Eins, das Eindruck machen soll. Tausende von Menschen, hörte ich, laufen normalerweise über die Decks, wenn in fremden Häfen »open ship« veranstaltet wird. Nur in Hamilton schien sich kein Mensch für das Schiff zu interessieren, obwohl es mitten in der Stadt an der Front-Street-Pier festgemacht hatte.
Dieses Schiff unterscheidet sich auch noch auf andere Weise von alten Segelschiffen: Es hat keine Ladung, es muß kein Geld für einen Reeder hereinfahren.
In mir wehrt sich etwas dagegen, dieses Schiff einen »Windjammer« zu nennen: In dieser Bezeichnung klingt zuviel vom Elend der alten Segelschiffe mit: von schlechter Ausrüstung und wochenlanger Hilflosigkeit in Flauten, obwohl ich weiß, daß »Windjammer« aus dem Englischen kommt – von »to jam« = anklemmen, pressen. Jam to the wind = hart an den Wind gehen! Und »Jam« ist gepreßtes Obstmus, zu deutsch Marmelade. Die »Gorch Fock« ist

Rechts: Die Radarantenne in ihrem Schutzkorb am Vormast. Darüber die Vormarssaling und die Vorbramsaling. Zwischen beiden Segelmasten die drei Großstagsegel.

Links: Das Steuerrad der »Gorch Fock« ist ein Dreifachsteuerrad. Das Schiff wird ohne maschinelle Hilfe, just so wie ein alter Windjammer, gesteuert: Die Kraftübertragung erfolgt über Rudergestänge direkt auf das Ruderblatt. Bei sehr schwerer See müssen deshalb 6 Mann am Ruder stehen.
Auf diesem Bild sieht man das aufgegeite Großsegel, das zur Nock führende Geitau und die daran nach unten hängende Schot. Die Fock wird gerade aufgegeit.
Der »Alte« zu diesem Bild: »Backbord sind sie fast vor mit dem Schothorn, an Steuerbord noch nicht. Das entspricht auch der Regel bei Starkwind: aufgeien von Luv nach Lee, dagegen Setzen umgekehrt – nämlich von Lee nach Luv. Sonst schlägt der Schothornring das Segel kaputt.«

im Grunde als Schiff eine Hybride: Sie verfügt über modernstes nautisches Gerät – von Radar über Deccasystem bis zum Wetterkartenschreiber, vom Schiffsdiesel bis zum kompletten E-Werk, das vom Rasierapparat bis zur Kühllast alles mit Strom versorgt. Auf »Passat« und »Pamir« gab es nicht einmal eine Kreiselkompaßanlage, ohne die heutzutage sichere Navigation kaum mehr denkbar ist.

Mit einem »Leitfaden für Nautik und Seemannschaft« in den Händen büffele ich wie ein Schiffsjunge Segelnamen: »Jager, Außenklüver, Innenklüver, Vorstengestagsegel, Fock, Voruntermars . . .«

Das letzte auf der Liste der 23 Segel ist das Besantoppsegel. Wenn es mit den Segeln nur getan wäre! Aber dann kommt das »Stehende Gut«, die Wanten und Pardunen und die Stagen und dann das »Laufende Gut«, alle beweglichen Tampen, die dem Setzen, Bergen und Bedienen der Segel dienen, also die Fallen, Schoten, Brassen, Niederholer, aber auch die Geitaue und Gordings und Halsen. Die Toppnanten an den beiden oberen Rahen haben eine Zwitterstellung: Wenn die Rahen eingefiert sind, gehören sie zum stehenden Gut, wenn die Rahen vorgeheißt sind, hängen die Toppnanten durch.

Rahen, Segel und Wanten im Gegenlicht. Spitz zulaufend das Schothorn der Untermars. Ein Ring hält Seiten- und Unterliek des Segels, die als Kette ausgebildete nach unten zeigende Schot und das von oben über einen Eisenblock ansetzende Geitau. Die Rahnock hält oben den Obermars-Niederholer. Durch den Block unter der Rah führt die Untermars-Brass. Mit der Schot wird das Segel (durch Holen) gesetzt. Das Geitau wird zugleich gefiert. Beim Aufgeien des Segels verläuft der Vorgang umgekehrt.

Ich habe meine helle Freude an der kraftvollen Nomenclatur, die ich in Druckschriften zur »Praxis der Schiffsführung« lese: »Über den Topp der Untermasten ist das Eselshaupt gestreift, das zur Führung der Bramstenge dient.«

»Der Besanmast wird oberhalb des Gaffellümmels durch die Besansaling unterteilt, die der besseren seitlichen Abstützung dient.«

Dann lese ich noch in einem Text, mit dem der letzte Kommandant das Segelschulschiff als »modernes Erziehungsmittel« feiert: »Körperliche Arbeit an Deck und in der Takelage, dazu Kälte, Wetter und Seegang sorgen für eine sinnvolle Abhärtung ohne zu überfordern, wobei die Härtetage nicht wie in manchen anderen Ausbildungsgängen künstlich durch den Dienstplan herbeigeführt, sondern als Bewährung in Sturm und Orkan von ›Petrus‹ gemacht werden. Vorgesetzte wie Untergebene – und das scheint mir ein sehr wesentlicher Faktor – werden hier in gleichem Maße getroffen, nur, daß der Vorgesetzte noch die Last der erhöhten Verantwortung zusätzlich zu tragen hat. Die auf einem Segelschiff von allen geforderte Selbstüberwindung führt einerseits zu einem gesunden Selbstbewußtsein und andererseits zu einer gewünschten realistischen Selbsteinschätzung. Dabei werden Vorurteile rapide abgebaut. In den skandinavischen Ländern, aber nicht nur dort, werden Jugendliche aus Gründen der Charakterbildung und eines gezielt erwünschten Reifeprozesses von ihren Eltern zur Ausbildung an Bord von Segelschulschiffen geschickt, selbst wenn die Kinder nicht für einen Seemannsberuf, sondern für das Management von Banken und Industrieunternehmen vorgesehen sind.« So isses, sage ich vor mich hin und falte das Blatt schnell wieder zusammen.

Auch bei schlechtem Wetter muß die Segelwache an Oberdeck bleiben, um parat zu sein, wenn Manöver befohlen werden.

Rechts: Blick von der Poop nach vorn auf Großmast und Vormast. Aus dieser Position sieht der Wachhabende das Schiff. Alle Segel sind gesetzt.

Links: Blick auf das nasse Mitteldeck und den Hüttenaufbau. Zwei Männer haben unter der Brückennock Schutz gesucht. Links Steuerbordwant und Nagelbank des Großtopps. Die Decksnähte werden nicht mehr wie früher kalfatert, sie sind mit einer Gummimasse ausgegossen.

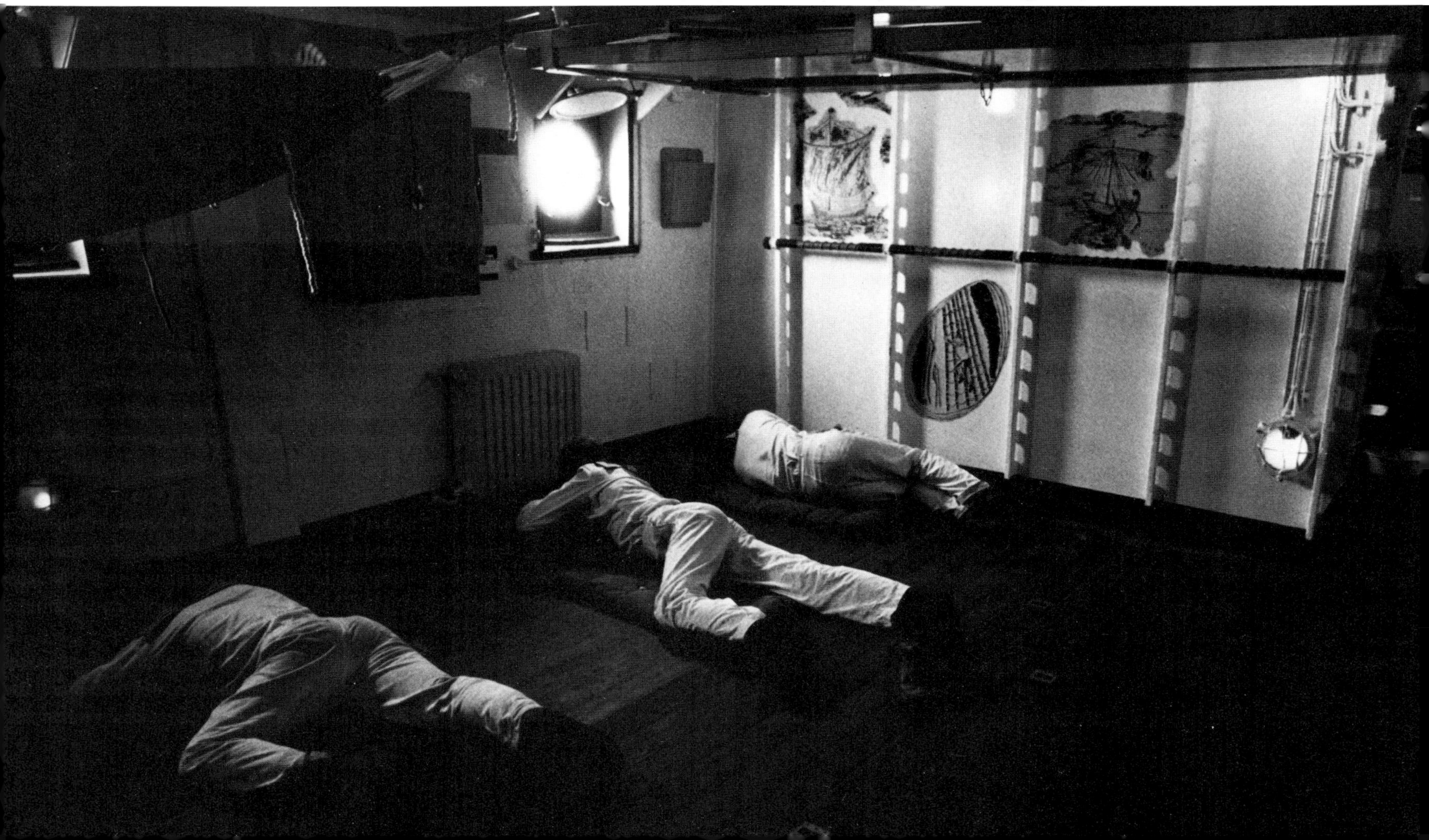

Leute der stehenden Wache im Blaumann mit Lifebändsel. Kartenspiel an Oberdeck ist am Sonntag erlaubt. An Wochentagen muß die stehende Wache Decksarbeiten wie Rostklopfen und Pönen verrichten. Die modernen Entlüftungsanlagen passen nicht recht zu Masten und Wanten: Sie gehören zu den Maschinenanlagen. Mit der Maschine ist freilich nicht viel Staat zu machen: ein Diesel von 800 PS ist alle maschinelle power, die auf die Schraube des Schiffes gebracht werden kann. Als ich den Gebieter im Maschinenraum mit LI (Leitender Ingenieur) anredete, gingen seine seemännischen Kollegen vor Lachen in die Knie.

Mannschaftslogis: Die Freiwächter liegen auf dem blanken Boden. An der Decke die Eisenbügel zum Aufhängen der Backen und Bänke. Außerdem an der Decke die Rundstangen, an denen die Hängematten mittels der an den Enden eingespleißten Hängemattssteerten befestigt werden. Dieser Raum dient gleicherweise als Schlaf- und Wohnraum. Die gezurrten Hängematten kommen tagsüber in Hängemattenschapps.

Ich lerne zu unterscheiden zwischen scheinbarem und wahrem Wind: Der scheinbare Wind entsteht aus dem Zusammenwirken von wahrem und Fahrtwind. Den Windzug, der aus diesen beiden Vektoren entsteht, verspüre ich. Der scheinbare Wind kommt stets vorlicher als der wahre Wind, da die Komponente Fahrtwind von vorn kommt. Auf die Segel wirkt also der scheinbare Wind.

Das will erstmal verstanden und ordentlich verdaut sein. Ich weiß, daß diese Windphänomene für die richtige, das heißt die wirkungsvollste Segelstellung wichtig sind; die Obersegel brauchen nicht so hart gebraßt zu werden, weil da oben der Wind achterlicher einfällt als näher an der Wasseroberfläche. Durch Reibung des Luftstromes an der Wasseroberfläche wird der Oberflächenwind gebremst. Die Praktiker an Bord beobachten die Segel und erkennen so, ob der Wind mit dem optimalen Winkel einfällt.

Ich versuche auch zu begreifen, wie sich die Düsenwirkung des Windes zwischen zwei Segeln auswirkt. In meinem Kopf wirbelt es nur so von neuen Begriffen wie: Segelschwerpunkt, Lateralschwerpunkt, Anstellwinkel . . .

Von Kanufahrten her hat sich bei mir die Vorstellung fixiert, daß man sich am besten vom Wind schieben läßt. »Hart am Wind« konnte man mit dem Kanu nicht segeln, schon »beim Wind« war unmöglich – das Boot hatte kein Schwert.

Vom Kommandanten erfahre ich, daß er äußerst ungern »vorm Wind« segelt. Das Schiff hat dann wenig Gegenhalt im Wasser. Es kommt ins Rollen und wird unstabil. Wenn eine alte Dünung steht, ist das Fahren vorm Wind besonders unangenehm. Das Schiff gerät infolge seiner Unstabilität ins Taumeln. Der Schaukelpferdeffekt ist dann durch das Gewicht der Takelage noch größer als bei Dampfern. Mit diesem Schiff ist es mühsam, gegen den Wind aufzukreuzen, da es nicht viel Luv gewinnt. Es fährt am besten mit Wind von querein bis 4 Strich von achtern. Vor dem Wind läuft es nicht so gut, da die vorderen Segel abgedeckt sind. Bei heftiger See kommt es dabei leicht ins Tänzeln.

Jetzt liegt das Schiff brettsteif. Ich spüre in meiner Koje kaum Bewegung. Auch die Krängung von etwa 10 Grad nach Steuerbord ist konstant.

Am Ende des Gangs hängen unter Glas Photographien der Barken »Albert Leo Schlageter«, »Niobe«, »Horst Wessel« und der ersten »Gorch Fock« an der Wand.

Das laufende Gut muß alle paar Jahre erneuert werden. Das bedeutet Ersatz für 11 Kilometer Tauwerk. Pro Jahr braucht das Schiff auch etwa zwanzig neue Blöcke.

Der Versorgungsoffizier kümmert sich um meine Filmkamera. Er scheint gut mit ihr klarzukommen. Ich werde mich also, wenn ich Assistenz brauche, an ihn halten: Er ist an keine Wache gebunden, hat also viel Zeit.

Das Schiff liegt sehr hart am Wind. 11 Knoten Fahrt.

»Besser als nichts«, ist der Kommentar des Wachhabenden. Das letzte Etmal betrug 167,5 Seemeilen, ganz unter Segel. Barometer fällt stark, es ist 1002 Millibar. Es regnet. Ich muß auf Oberdeck sehr aufpassen. Durch unsere Schräglage und den Regen wird das Laufen zum Kunststück. Die Rudergänger haben jetzt orangefarbenes Wetterzeug an.

Der Wind springt um, das Schiff muß auf den anderen Bug. Ein Wendemanöver. Die Vorsegel werden niedergeholt, die Brassen besetzt, und dann hebt das furiose Befehlsgebrüll wieder an, von dem ich nur knapp die Hälfte verstehe, weil einzelne Silben gedehnt und andere dafür wie abgehackt gebrüllt werden.

Gegen Abend läßt der Wind nach. Es sieht aus, als wolle er drehen. Wenn er dreht, wird ein weiteres Wendemanöver nötig werden.

Das Oberdeck ist verdammt glatt. Die Leute schliddern auf der glatten Schräge hin wie über eine Eisbahn. Nicht alle halten dabei die Balance, sondern rutschen in den Wassergraben.

Ich komme dahinter, daß zur Besatzung auch fünf Zivilisten gehören: ein Schuster, ein Schneider, ein Koch, zwei Stewards.

Das Schiff rollt nur ganz wenig, es krängt nur: Der Druck des Windes hält es in der Schräglage stabil. Ich kann mich nicht beklagen: Meine Koje hängt zwar schräg, aber in dieser Lage bleibt sie, bis wir auf den anderen Bug gehen. Sie taumelt Gott sei Dank nicht durch die Gegend. Am schlimmsten soll die Schiffsbewegung auf Erzdampfern sein. Sie rollen mit einer Periode von 6 bis 11 Sekunden, gemessen zwischen Null-Lage und Extrem-Lage nach beiden Seiten: eine Folge der großen metazentrischen Höhe (der Abstand vom tiefliegenden Gewichtsschwerpunkt zum Formschwerpunkt, auch Auftriebsschwerpunkt genannt).

Durch seinen tiefliegenden Gewichtsschwerpunkt hat ein mit Erz beladener Dampfer ein extrem großes aufrichtendes Moment. Er verhält sich in grober See von querein wie ein Stehaufmännchen mit besonders starkem Bleigewicht im Fuß.
Von erfahrenen Seeleuten weiß ich: dann schon lieber Kohle – auch wenn sie schmutzig ist!
Bei Lichte besehen habe ich es noch auf keinem Schiff so gut gehabt wie auf der »Gorch Fock«. An die permanente Schräglage gewöhnt man sich bald.
Mit der Frischwasserversorgung hapert es. Das Wasser, das aus dem Hahn kommt, ist zu warm zum Trinken. Bei langen Fahrten muß es rationiert werden. Der Frischwassererzeuger hat zu wenig Kapazität und ist, wie es heißt, auch noch oft kaputt.
Ich hörte schon, daß auch die Waschmaschine, weil es ein Gleichstromgerät ist, dauernd versagt: »Was da an Reparaturen hineingewendet worden ist, hätte schon gelangt, um ein halbes Dutzend neuer Waschmaschinen zu kaufen. Als man hier Gleichstromaggregate einbaute, hat man sich auf Traditionspfaden bewegt. Gleichstromaggregate, die gehörten ins Deutsche Museum.«

Blick vom Hüttendeck nach vorn auf Großmast und Fockmast mit den vier unteren Rahen. Die Segel sind wegen der Flaute aufgegeit. Das Schiff fährt mit Diesel. Im Vordergrund ein ablösender Rudergänger mit angelegter Schwimmweste.

Blick von ganz achtern nach vorn auf das Hilfsruder, das Gangspill, das Schott zum Niedergang in die Offiziersräume, den Besanmast und den Großmast. Am Besanmast das unterteilte Besansegel – Unter- und Oberbesan. Der Besan hat außer dem Besanbaum zwei Gaffeln: untere und obere Gaffel. Man sieht auf den Besansegeln deutlich die aufgenähten Doppelungen, auch Bänder genannt. Auf den Doppelungen sind je zwei Gatjen angebracht. Durch diese laufen Taue, insgesamt vier Stück, die obere und untere Gording des oberen, beziehungsweise unteren Besan, welche am Besanmast über Blöcke heruntergeführt werden. Wenn über diese Blöcke die Taue geholt werden, läuft das Segel zum Mast hin zusammen. (Früher wurde die Gaffel mit dem Klaufall und Piekfall – Klaufall am Mast, Piekfall an der Gaffelnock – heruntergefiert oder gehievt.)

Links im Bild die Brassen für die Großrah, die Untermars- und die Obermarsrah. Die Holepunkte für diese Brassen sind außerhalb des Bildes an einem Brassbaum, der quer von der Bordwand nach außen absteht und mit kurzen Kettenstücken gegen die Bordwand gesichert ist. Die Brassen für die Bramrah und die Royalrah laufen horizontal zu einem Holepunkt am Besanmast und werden von dort aus zur Nagelbank geführt, die links im Bild ist.

Schon tief unten, also unmittelbar über der Nagelbank, wird die Kraft nochmals durch eine Talje geteilt. Solch eine Talje, mit einem festen Punkt unten, und mit nur einem einzigen Block, wird Klappläufer genannt: Alles auf diesem Schiff, jedes Gerät und jeder Tampen, hat seinen unverwechselbaren Namen.

Das Schiff krängt um etwa 10 Grad nach Backbord. Beim Essen wäre das unangenehm. Die Back in der O-Messe kann zu meinem Staunen bei jeder Schlagseite horizontal gestellt werden. Das heißt hier: »die Back brassen«. Ich sitze auf Steuerbordseite. Wenn das Schiff wie jetzt auf Backbordbug segelt, habe ich mit den anderen neben mir »den langen Weg« zwischen Teller und Mund. Die auf dem Sofa haben die Kante der Back vor der Brust: Das sieht komisch aus, wie Kasperltheater.
Die Reden in der Offiziersmesse sind freier als sonst in den Messen, es wird viel gefrozzelt und gelacht. Keiner reagiert sauer, kein einziges muffiges Gesicht in der Runde. Die jungen Kerle hier – so summiere ich meine Eindrücke – scheinen alle »good sports« zu sein, gar kein Vergleich zu manchen nörglig-mißmutigen Typen, die ich als Handelsschiffsoffiziere schon kennengelernt habe.
Ich versuche zu ergründen, woher der Unterschied kommt. Die Offiziere hier werden es wohl einfacher haben als die mates auf Handelsschiffen: regelmäßige Beförderungen, keine Angst vor Konkurrenz, gute Deckung vor den Härten des Wirtschaftslebens, gesicherte Lebensstel-

Die Segelcrew des Schiffes im »Tagesdienstanzug«. Außer diesem weißen Takelzeug hat der Mann noch als Arbeitsanzug den »Blaumann«, einen Overall. Für den Landgang hat er eine »erste Garnitur blau« und eine »erste Garnitur weiß«. Beliebt ist eine Kombination aus weißer Bluse und blauer Hose, genannt »Pinguin«. Ohne regelrechten Stauplan sind die vielen Plünnen in den engen Spinden kaum unterzubringen.

lung wie Beamte – also ein sorgloses Leben. Als ich den IO zögerlich ausforsche, bekomme ich eine lange Antwort:
»So verlockend ist das ja alles auch wieder nicht. Ab Kapitänleutnant, da wird's schwierig. Da existiert ein richtiggehender Beförderungsstau. Es kann einem passieren, daß man beim Kapitänleutnant hängen bleibt – und ein Fünfzigjähriger sieht als Kapitänleutnant ja nicht gerade schön aus – vor allem nicht, wenn es schon halb so alten Nachwuchs mit den gleichen Schulterstücken gibt. – Im Grunde stimmt Ihre Beobachtung: Unter den mates bei der Handelsmarine gibt es genug miese Gesichter. Warum ist das so? Auf Handelsschiffen ist es verdammt stillos geworden. Von Seefahrtstradition ist kaum noch etwas zu spüren . . .«
»Sie denken an die Eisschränke in jeder Kammer, und die Stewardessen, die auch noch dem simplen Decksmann die Koje machen . . .«
»Ich denke auch an die langen Seetörns. Heutzutage kann es einem ja auf einem Tanker zum Beispiel passieren, daß immer nur vor der Küste geleichtert wird und man nur mal mit dem Hubschrauber heruntergeholt wird. Sogar die Leute auf den modernen Container-Schiffen wie

der ›Hong Kong Express‹ fahren ja genau nach Fahrplan – da bleibt doch keine Stunde lose. – Und was bringt ein solcher Dienst denn schon? Wenn die Container einmal im Schiff sind, wird doch wie auf dem Gleis gefahren – more or less.«
»Wenn ich das richtig sehe, gehen ja in der Handelsschiffahrt gerade die besten Leute so schnell wie möglich von Bord.« Der IO nimmt das versteckte Kompliment nickend an.
Dem IO bin ich zum ersten Mal auf der am Pier hinführenden Hauptstraße in Hamilton begegnet: Als ich gerade Matrosen von der »Gorch Fock« photographierte, die in breiter Front mit gemieteten »bikes« losbrausten – die Ampel hatte von rot auf grün geschaltet, sprach mich jemand auf deutsch von hinten her an: »Herr Buchheim, ich heiße Hinrichsen – ich bin der Eins O der ›Gorch Fock‹.«
Ich machte schnell noch zwei Aufnahmen, der davondröhnenden weißen Kavalkade hinterher, ehe ich mich herumdrehte. Vor mir stand ein schmaler Mann in Zivil – Hose und Hemd. »Igelbürste, drahtig«, registrierte ich schnell, »energisches Kinn, aber bekümmerte Miene.«

Eine Segelwache beim mittäglichen Dösen. Über der messingbeschlagenen Holzreeling die Verschanzung mit dem Schandeckel als oberen Abschluß. Zur Erhöhung der Sicherheit wurde nach dem Auslaufen die Seereeling darüber ausgebracht. Sie wird »Leichenfänger« genannt. In der oberen Bildmitte zwei Rettungsinseln: tonnenartige Plastikcontainer, die beim Auftreffen aufs Wasser durch eine Reißleine geöffnet werden und das Gummifloß freigeben, das sich automatisch aufbläst. In einer solchen Insel haben bis zu zwanzig Leute Platz. Der Mann mit dem L auf der Armbinde ist der Läufer Mitteldeck.

Unten: Musterung der zweiten Division auf dem Mitteldeck. Blick auf den Besan und den Unterstand der Wache. Rechts im Bild die Backbord-Pardunen des Großmastes.

Nächste Doppelseite: Blick nach achtern gegen den Großtopp und das Hüttendeck. Links im Bild das Steuerbord-Schothorn der Groß. Die beiden Kutter sind ausgeschwungen: Sie könnten sofort gefiert werden.

Da klagte der IO auch schon, die Leute, die ich eben photographiert hätte, würden auf den Photos sicher gar keinen guten Eindruck machen.
»Wieso das?« fragte ich zurück.
»Die hatten doch einfach die Hosen hochgekrempelt! Das war doch kein ordentlicher halber Schlag. So sieht das doch nicht gut aus«, kam da Antwort.
Ich warf mich gleich zum Verteidiger der Lords auf: »Auf der ganzen Insel, in Sommerset wie in St. George's, habe ich Ihre Leute gesehen – immer picobello!«
Aber die bekümmerte Miene des Mannes vor mir wollte sich nicht lichten.
»Jesses«, dachte ich bei mir, »der hat aber Sorgen!« und hielt den IO für einen aus der Gilde der übertrieben Pingeligen, für kleinlich und miesepampig.
Aber nun entpuppt sich der IO als ein ganz anderer. Ich weiß nicht, wo ich den Ausdruck »ein Fahrensmann von echtem Schrot und Korn« gehört habe. Jetzt kommt er mir zupaß, um den IO für mich selber zu kennzeichnen.

Immer, wenn ich nach oben blicke, sehe ich irgendwelche Toppsgasten in der Takelage beschäftigt. Wenn ich nicht genau hingucke, erscheinen sie mir wie große dunkle Vögel, die sich auf den Rahen niedergelassen haben.
Auch nachts müssen die Toppsgasten, wenn ein Manöver ansteht, nach oben. Sie müssen sich auf den Fußpferden im Dunkeln genauso sicher bewegen können wie am Tage. Mit Scheinwerfern wäre ihnen nicht zu helfen: Sie würden geblendet. Zum Glück sind die Nächte auf See nie so undurchsichtig dunkel, wie sie es in den Städten während des Krieges waren; von irgendwoher kommt stets ein Schimmer. Manchmal ist es, als leuchteten die Segel aus sich selbst. Die unteren Segel sind immer deutlich zu sehen: Sie werden von der Beleuchtung des Oberdecks sanft beschienen.
Wenn ich nachts eine Mastspitze fixiere und sie so zum festen Punkt am Himmel werden lasse, kann ich die Sterne zum Tanzen bringen: Sie beschreiben kompliziert kreisende Figuren, Schlingen und Schleifen. Wenn ich dann den Blick an einem Stern festhänge – an dem am stärksten leuchtenden der Gruppe – ist der Glühwürmertanz gleich zu Ende, und der Großmast schwankt wieder über die Sternfelder hin und her. So lasse ich die Zeit vergehen. Die Namen der meisten Sternbilder habe ich vergessen. Aber trotzdem fühle ich mich mit ihnen auf du und du.

Die See kommt dwars, wenig Wind, die Masten gehen hin und her wie die Zeiger von Metronomen. Die Rahen mit den festgemachten Segeln sind die Metronomgewichte.
Der Kapitän zeigt eine verbissene Miene: Wir motoren. Wenn die Diesel laufen, scheint er physisch zu leiden. Aber ohne Motorkraft würden wir noch ärger dümpeln: Dünung und kein Wind – das ist schlecht für so ein großes Schiff.
Die Segler der P-Line, die gar keine Maschinen hatten, konnten regelrecht in die Bredouille geraten. Ich habe Geschichten im Kopf von plötzlicher Windstille, die das Schiff traf dicht vor dem Hafen, um dessen Erreichen die Besatzung seit Monaten hart gekämpft hatte. Und nun lag das Schiff eine Woche fast unbeweglich, und die nach dem Land gierenden Männer wurden schier verrückt in ihrer Untätigkeit. Schlepper kamen heraus und boten ihre Hilfe an, sie unterboten gegenseitig ihre Preise bis zum Gehtnichtmehr, aber der Kapitän eines solchen alten Seglers hatte seinen Stolz und seinen Geiz und hätte auch noch auf Wind gewartet, bis alle vermodert wären – so wenigstens wollen es die Geschichten.
Die Bordhierarchie, die auf allen Schiffen der Welt das Leben bestimmt, wirkt auch auf mich: Ich werde dessen plötzlich gewahr: Seit Tagen schon will ich in die Mannschaftsräume hinuntersteigen und mit den Leuten reden, aber es sind immer nur kurze Besuche geworden. Jedes Mal war ich froh, wenn ich wieder an Deck war. Da unten ist einfach nicht gut sein: ein Mief zum Schneiden. Oder man steht im Wege – zum Beispiel, wenn die Hängematten gezurrt werden. Die Hängematten haben nichts mit den feinen, in Mexiko aus Garn geknüpften Hängematten für Gartenbesitzer gemein. Es sind schwere Trumms – eben richtige Matten, die mit Spreizhölzern oben und unten zum Hängebett gemacht werden. Aber tagsüber müssen sie gezurrt sein – und das nach Vorschrift. Gut gezurrte Hängematten sind auch Rettungsmittel. Sie schwimmen ewig, hat der Alte behauptet. Hier bekomme ich zu hören, daß es dabei eher um ein Gerücht geht: Motiv für präzises Zurren. Wenn die Hängematten am Morgen in eine dafür vorgesehene »Last« weggestaut werden, sehen sie aus wie mannsgroße Puppen für Filmaufnahmen, fehlen nur Einschnürungen, um die Köpfe herauszumodellieren.
Es gibt gut zu essen. Die Kombüse rückt so viel »Nachschlag« heraus, wie einer nur haben will.
Der aufmüpfige Vers aus dem Shanty von der Flying P-Line gilt für dieses Schiff nicht: »Salzspeck ist zehn Jahre alt, das Hartbrot, das vermodert bald.«

Auf dem Bild links sind die drei Modelle der Blöcke besonders deutlich: Einer mit drei Scheiben (für das Großobermarsfall) zwei hintereinander mit je einer Scheibe (für zwei Großstagsegelfallen) und einer mit zwei Scheiben (für das Großroyalfall). Mit den Fallen werden Rahen und Segel vorgeheißt.

Um die Ernährung der Matrosen war es in der Frühzeit der Segelschiffahrt freilich schlimm bestellt. Skorbut als Folge einseitiger Ernährung wurde als ganz normale Berufskrankheit der Seeleute angesehen. Als ein Phänomen gilt noch heute, daß es auf der »Endevaour«, mit der James Cook die Welt umreiste, keinen einzigen Skorbutfall gab.
Einmal wurde, als ich zur 1. Division hinunterstieg, gerade Wäsche sortiert. Im ganzen Logis war kein Fußbreit Platz mehr: kleine Wäschestöße bis in alle Winkel. Es war kurz nach Hamilton. Die Leute hatten ihre Sachen, schön sortiert und gekennzeichnet, an eine Wäscherei gegeben – aber alles im wüsten Durcheinander, in einem einzigen Riesensack, zurückbekommen. War das da unten ein Fluchen und Schimpfen!
Was man gemeinhin als Wohnungseinrichtung bezeichnen würde, Tische, Bänke, Betten hängt hier unten während der Dienstzeit an der Decke. Mich kommt bei »hängen« ein Vergleich an, der mich zum Lachen bringt: die hängenden Gärten der Semiramis. Duftgärten – davon hat dieser Bereich nun wirklich nichts. Wahrhaft höllisch stinkt es während der Nacht. Ich war einmal, um ein paar Aufnahmen zu machen, mit einer Stablampe unten, als alles in den Hängematten pennte. Dabei muß ich einen roten Kopf bekommen haben vor Atemanhalten.

Oben: Das Vorschiff mit Bugspriet. Die Bulleyes gehören zum Zwischendeck. Die vier Decks des Schiffes, von unten nach oben, heißen: Plattformdeck, Zwischendeck, Hauptdeck (Oberdeck), Aufbaudeck. Unter den Decks liegt die Stauung: Frischwasserzellen, Maschinenraum, Wellentunnel etc.

Rechts: Das Schiff schräg von achtern. Die Besansegel sind eingeholt. Besanbaum und untere Besangaffel sind nach Backbord abgefiert.

Nächste Doppelseite: Das Schiff zieht in einer Altdünung über Backbordbug seine Bahn.

Ein Schiff, das über der Kimm emporwächst wie aus der stahlblauen See geboren: ein Anblick, der den Seefahrer wie kein anderer begeistert... Das Segelschiff ist ein besonderes Schiff. Es gehört *beiden* Elementen an – dem Wasser *und* der Luft. Es gleicht einem Schwimmvogel. Die Segel sind seine Schwingen. Mir ist oft, als fehle nur ein weniges, und das Schiff könnte sich mit seinen weißen Segelschwingen vom Wasser abheben. Heinrich Hauser hat beschrieben, wie er, als das Schiff seine Segel gesetzt hatte, auf einmal die Empfindung hatte, das Schiff trüge jetzt nicht mehr die Masten mit den Segeln, sondern der Rumpf würde von den Segeln getragen... Und Joachim Ringelnatz hat die Segelschiffe gefeiert:

Sie haben das mächtige Meer unterm Bauch / Und über sich Wolken und Sterne. / Sie lassen sich fahren vom himmlischen Hauch / Mit Herrenblick in die Ferne.

Sie schaukeln kokett in des Schicksals Hand / Wie trunkene Schmetterlinge. / Aber sie tragen von Land zu Land / Fürsorglich wertvolle Dinge.

Wie das im Winde liegt und sich wiegt, / Tauwebüberspannt durch die Wogen, / Das ist eine Kunst, die friedlich siegt, / Und ihr Fleiß ist nicht verlogen.

Es rauscht wie Freiheit. Es riecht wie Welt. – / Natur gewordene Planken / Sind Segelschiffe. – Ihr Anblick erhellt / Und weitet unsre Gedanken.

Links: Die Steuerbord-Nagelbank des Großtopps. Auf den metallenen Belegnägeln sind jeweils Geitaue, auf den dahinterliegenden Holznägeln die dazugehörigen Gordings des gleichen Segels belegt: Für den Kundigen gibt es keinen Wirrwarr – die Funktion jedes Tampens ist mit einem Blick zu erkennen.

Darunter: Links im Bild der Mastgarten des Großtopps. Rechts die Steuerbord-Nagelbank des Großtopps. Um das Tauwerk ordentlich aufzuhängen, greift man durch die an Deck aufgeschossenen Törns, hebt sie hoch, nimmt ein Stück Länge gleich hinter dem Belegnagel – dann heißt es: halbe Drehung zum Beklemmen und rauf auf den Nagel! Die an einem Drahtstander angenähten Flaggen werden für den großen Flaggenschmuck vorbereitet: je eine Buchstabenflagge im Wechsel mit einer Zahlenflagge.

Rechts: Mit vollen Segeln im Atlantik

Der Vorhandsmann beim Segelsetzen. Er gibt seiner Gang die Kommandos zum Durchholen eines Falls.

Nächste Doppelseite: Das Schiff unter vollen Segeln bei halbem Wind.

Ich fragte einen Seemann, wie ihm das Aufentern beigebracht wurde. »Als wir das erste Mal hochgescheucht wurden, lag das Schiff an der Pier. Da ging es die Unterwanten hoch bis zur Marssaling. Dann sind wir von den Unteroffizieren gefragt worden, ob wir uns wohlfühlen oder was . . .? Darauf entert man dann zwei, drei Meter höher, und denn heißt det: traust dich hoch oder nich – und denn gehts halt weiter hoch oder wieder runter. – Man wird nicht gezwungen.«
»Gegen Schwindelgefühle kann man ja nicht viel machen«, werfe ich ein.
»Nee, kann man nicht. Die Unteroffiziere gehen die ersten Male immer mit rauf. Die beaufsichtigen das, gucken, ob auch alles klar geht. Wir werden ja in Korporalschaften aufgeteilt – zu jeder Korporalschaft ein Korporalschaftsführer. Und der ist für die Korporalschaft verantwortlich. Und der fragt: ›na, wie isses?‹ Da geht dann die erste Korporalschaft hoch, dann die zweite, dritte, vierte, fünfte . . . Die Korporalschaftsführer sind da verantwortlich für das Entern. Die zeigen, wie man alles macht.«
Wir werden von laut gebrüllten Segelbefehlen unterbrochen. Ich höre nur noch: ». . . und das wird dann hier so gemacht . . . von den Stagsegeln sämtliche Schoten . . . also die drei unten . . . wenn das Umlegen geht.« Und dann wieder klarer: »Ein ganzer Teil von der Segelcrew gehört gar nicht an Bord, weil die ja zum Teil Marineflieger sind, Schreibstubenhengste oder Sechsundsiebziger . . .«
»Was sind denn Sechsundsiebziger?«
»Küstenschutz. Zum Beispiel Flieger – was haben wir denn noch? Ja, auch Heizer . . .«
Jetzt reden mindestens vier Leute in wildem Durcheinander auf mich ein.
»Auf diese Weise kriegen die mal mit der Seefahrt bißchen zu tun.«
»Einige sollen enttäuscht sein, wie ich gehört habe«, wende ich ein.
»Das is ganz normal. Wenn die denken, das wird hier ne Art Betriebsausflug . . .«
»KdF-Fahrt hätten wir früher gesagt.«
»Was heißt 'n das?«
»Kraft durch Freude . . .«
»Also das ist ganz normal. Die ham gedacht, sie müßten hier nur Wache gehen – und dann mußten sie tüchtig arbeiten: Stroppziehen – Brassen . . .«
»Da haben sich einige ganz schön enttäuscht gefühlt.«
»Und nen Schreck ham se auch gekriegt, wenn se plötzlich durchsackten.«
»Gibts das, daß unter einem das Fußpferd wegsackt?«
»Klar, wenn nicht richtig aufgepaßt wird.«
»Das ist dann peinlich.«
»Das wird aber wieder besser, wenn mehrere Mann draufstehen. Dann gleicht sich das aus.«
Ich frage die Jungs, wo sie wohnen und bekomme zur Antwort: »Wohnen ist gut! Die zwote Division schläft achtern, die anderen vorn. Wir sind zwote.«
Nun will ich auch noch erfahren, wie die einzelnen zur Marine gekommen sind. Ein dünner, lang Aufgeschossener mit stark zeichnendem Adamsapfel: »Ich hab mich verpflichtet auf vier Jahre, dann hab ich mich entschlossen, Unteroffizierslehrgang zu machen, dafür hab ich mich angemeldet und bin hierher kommandiert worden. Und wenn ich diesen besteh, hab ich noch paar andere zu machen: Schiffssicherungslehrgang und so. Und danach, wenn das alles klappt, werde ich wieder zurückbeordert zu meinem alten Geschwader, wo ich früher war.«
Da macht sich ein anderer bemerkbar, im Körperbau das schiere Gegenteil: klein, gedrungen. »Ich bin zwangsweise bei der Marine.«
»Was heißt denn zwangsweise?«
»Ich war immer auf Montage in Griechenland und so. Wie ich gemerkt hab: das is so weit mitm Bund, da bin ich nach Berlin. Ich hab mir gedacht, da können sie mich nich kriegen. Kraftfahrer hab ich da gemacht. Aber da bin ich dann mal aufgekreuzt in Stuttgart und da haben sie mir gleich eine gedrückt – und ab nach Sylt!«

Die erste Division ist nahebei beim Kartoffelschälen. Die Jungs machen nicht viel Umstände mit den Kartoffeln: Sie schneiden sie fast kubisch zu. Von den Kartoffeln bleibt auf diese Weise nicht mehr viel übrig.
»Wenn die miese Unterbringung nicht wäre!« klagt einer. »Drei Monate unter solchen miesen Bedingungen leben müssen, das trägt ja nicht grade zur Begeisterung bei.«
Da kann ich nichts Trostreiches sagen. Ich war vor einer Stunde im Logis der ersten Division. Da lagen fünf, sechs Leute wie die Angeschossenen auf dem blanken Boden.

Freiwächter an Oberdeck, die das Aufsetzen von Taklings üben.

Nächste Doppelseite: Blick durch die Backbord-Pardunen des Großmastes auf die sturmbewegte See.

Übernächste Doppelseite: »Es fetzt« heißt es an Bord, wenn das Schiff 16 Knoten Fahrt macht. Die Back darf nicht mehr betreten werden. Auf dem Mitteldeck und dem Hüttendeck sind Strecktaue gespannt, an denen die Wachen, wenn sie durch überkommende Seen auf dem schrägen, glatten Deck ins Rutschen kommen, Halt finden.

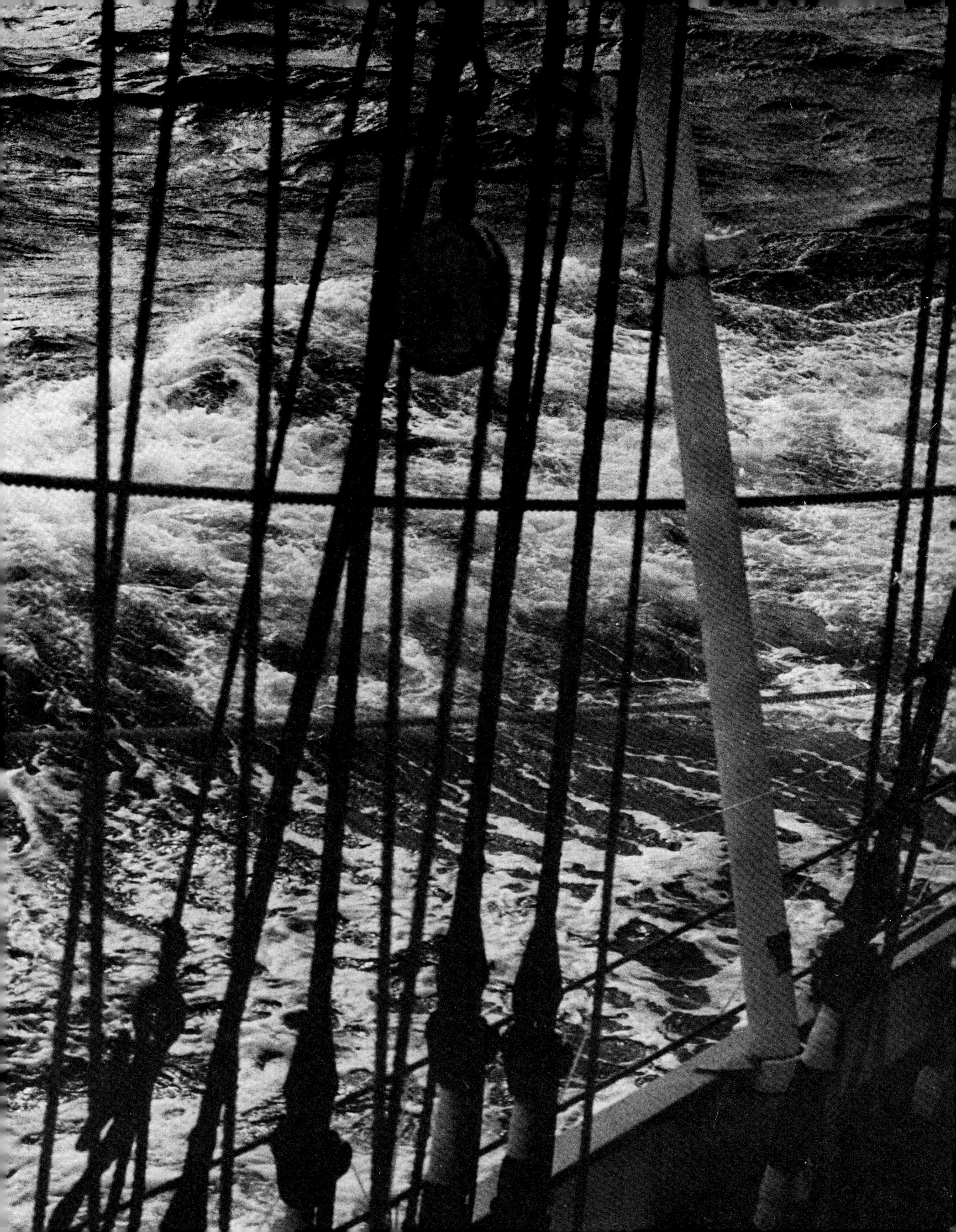

Während des abendlichen Reinschiff entern die Toppsgasten auf. Die obere Stagsegeletage wird weggenommen.

Der Kommandant erklärt mir: »Wenn heute Nacht eine Front durchgeht – damit dann nicht so viel Tuch hängt.«

Den Kopf in den Nacken gelegt, beobachtet er eine Weile scharf, wie oben gearbeitet wird. Dann wendet er sich mir wieder zu. Weil gerade Befehle gebrüllt werden, verstehe ich nicht jedes Wort.

»Letzte Nacht . . . einen Windsprung von hundertfünfzig Grad – ungewöhnlich. Auf einmal kam . . . so hoch am Wind über Steuerbordbug . . . kam die Front . . . ging der Wind rum . . . hundertfünfzig Grad kam . . . von achtern . . . Das Schiff kriegte voll den Wind von der falschen Seite rein und ging über den Achtersteven und brummte los und dann frischte der Wind bis auf Stärke acht . . . was man da also nicht erwartete. – Im Nordatlantik da erwartet man natürlich immer, daß ein Windsprung drin ist – aber so extrem – da waren wir doch etwas überrascht.«

Wenn ich die Sache richtig sehe, verhält sich der Kommandant nach der Devise: Vorsicht ist die Mutter der Porzellankiste.

Im Grunde wird für heute Nacht nichts Besonderes erwartet, aber wenn schon eine Front durchgehen sollte wie letzte Nacht, brauchen bloß die Royal-Segel weggefiert zu werden, und alles ist in bester Ordnung.

Als hätte ich Bedenken geäußert und Zuspruch nötig, preist der Kommandant wieder einmal die Sicherheit des Schiffes: »Früher waren die Segel nicht so stabil. Die Taue und die Drähte waren auch nicht so stabil gearbeitet wie heute. Heute kann man dem Schiff und der Takelage wesentlich mehr zumuten, als das früher der Fall war.«

Das ermuntert mich, Fragen zu stellen, wie das Schiff in schwerem Sturm gefahren wird.

»Würde man denn, wenn das Schiff in schweren Sturm gerät, die Vorsegel stehenlassen – den Jager zum Beispiel?«

»Der Jager ist ein oberes Stagsegel, das Segel, das am weitesten draußen ist. Das haben wir jetzt eben mit weggenommen. Innenklüver und Vorstengestagsegel würde man eher noch stehenlassen, wenn man Unter- und Obermars fährt. Schließlich würde man eben nur noch eine Stagsegeletage stehenlassen, ein Segel an jedem Mast, das sind: das Besanstagsegel, das Großstengestagsegel und vorn das Vorstengestagsegel – vielleicht noch den Innenklüver und dann noch die Unter- und Obermars, dann die Fock noch . . .«

»Passiert es noch, daß man mal ein Segel verliert?«

»Na klar! Aber es gehört zur guten Seemannschaft, daß man rechtzeitig Segel wegnimmt und dann auch wieder setzt. Ich kenn natürlich die alten Verhältnisse noch. Da waren nur elf, zwölf Mann an Deck. Die waren dann an der Takelage beschäftigt oder sonstwie – da konnte man die Leute nicht alle Augenblicke zum Brassen jagen.«

»Da wurde dann, wie es im Shanty heißt, erst am Abend – erst nach Feierabend gebrasst?«

»Ja abends geiht dat dann los, da muß alles nachgebrasst werden – wie es so heißt . . . Die Kapitäne wollten natürlich auch schnelle Reisen machen. Ich meine, daß gerade bei Laeisz sehr aufmerksam gesegelt wurde. Die Laeisz-Segler haben ja auch sehr gute, das heißt sehr schnelle Reisen gemacht. Das ging natürlich nicht mit Brassen erst nach Feierabend.«

Am Ladebaum, der am Großmast angebracht ist, wird jetzt der Lautsprecher für die Filmvorführung befestigt: Ich stehe mit dem Kommandanten in der Brückennock. Von hier oben sieht das Mitteldeck aus wie ein Kindergarten: Man kann durch die perspektivische Verkürzung die ganze Leibesgröße der Leute nicht erkennen. Sie wuseln durcheinander wie in einem großen Laufstall.

Jeden Tag nehme ich mir vor, mich mehr um die Menschen an Bord zu kümmern, die Maate und Feldwebel, die schon lange an Bord sind, zu interviewen – aber vor lauter Beschäftigung mit dem Schiff komme ich nicht dazu. Mein Tag ist randvoll ausgefüllt. Manchmal lege ich mich für eine Viertelstunde lang, weil ich mich total erledigt fühle. Länger als eine Viertelstunde halte ich es aber auf der Koje nicht aus: Pflichten, die ich mir selber auferlegt habe, treiben mich wieder hoch – ich fühle mich ständig »im Dienst«.

Ich bin heilfroh, daß die Hitze nachgelassen hat. Das Meer zeigt jetzt ein sattes Jeansblau. Im Westen über der Kimm ein Daumensprung Helle, darüber ein breiter Strich taubengrauer Wolken. Aus diesen Wolken heraus bricht jetzt die tiefe Sonne. Ihr heftig züngelnder Spiegel reicht bis her zum Schiff. Mir stockt der Atem bei diesem Anblick.

Vorhergehende Doppelseite: Blick aufs Mitteldeck bei Sturmfahrt. In der Luft ist ständig Sprühwasser: Das Kameraobjektiv kann man nicht mehr trocken halten.

Der Bugspriet mit dem Klüvernetz, die Segelhälse vom Jager, Außenklüver und Klüver (das Fockstengestagsegel ist verdeckt). Deutlich die Stagreiter, auch »Legel« genannt, mit denen die Segel auf dem jeweiligen Stag gehalten werden. An Backbordseite der Stockanker auf seiner »Schweinsrücken« genannten Ablagefläche.

Arbeiten im Klüvernetz. Der Schenkel einer Vorsegelschot wird »bekleedet« – mit geteertem Garn umwickelt.
Die Segel sind (von vorn): Jager, Außenklüver, Innenklüver. Nicht sichtbar: das Vorstengestagsegel.
Bei Windstille liegen die Segel so wie hier niedergeholt, durch die Schoten sind sie nach achtern gehalten. Bei Wind müßten diese Vorsegel mit Zeisingen beschlagen werden – sie würden sonst schlagen.

Links: Die zwischen Großmast und Besan gesetzten Stagsegel. Das sind von oben nach unten: Besanbramstagsegel, Besanstengestagsegel, Besanstagsegel. Die auf den Segeln sichtbare Zahl 74 weist darauf hin, daß die Segel im Jahr 1974 fabriziert worden sind.

Rechts: Der Großtopp ist angebraßt zum Segeln am Wind. Deutlich die Unterwanten, die unter die Saling – in der Bildmitte – führen. Die Segel des Großmastes heißen von oben nach unten: Royal, Großbram, Obermars, Untermars, Groß. Besonders deutlich auf diesen Bildern: die Stagreiter der Stagsegel, Befestungsschäkel zwischen Segel und Stagen. – Auf dem rechten Bild entern zwei Leute auf, um die aufgegeite Royal festzumachen.

Links: Der Großmast (Großtopp). Seine fünf Segeletagen heißen: Royal, Bram, Obermars, Untermars, Groß. Segel, die zwischen den Masten stehen, heißen Stagsegel. Hier ist das Großstengestagsegel im Bild (links). Die Wanten gehören zum Vortopp.

Rechts: Blick vom Bugspriet nach achtern. Der große Schäkel vorn rechts verbindet die Kausch, die in das Liek des Außenklüvers eingebunden ist, mit dem Fußstander. Die auf dem Bild besonders deutlich zu sehenden freibeweglichen Legel (Patent-Stagreiter) halten das Segel am Stag. Ihre Bolzen sind durch die Gatjen am Segelvorliek gedreht. Die über den Außenklüver führende, lose hängende Schot – schlicht »Luvschot« genannt – dient zum Segeln auf dem anderen Bug.

Ich fange an, mich auf dem Schiff richtig zu Hause zu fühlen. Die offenen Gesichter um mich herum haben mir dazu von der ersten Stunde an geholfen. Von allen, auch den Matrosen, werde ich, wenn ich, Kamera in der Hand, morgens über die Decks gehe, freundlich begrüßt. Ich fühle mich aufgenommen wie ein gern gesehener Gast.
Den Kommandanten bekomme ich erst Stunden später zu sehen, manchmal erst mittags. Ich habe den Eindruck, daß er mir innerlich nicht recht traut und sich beim Ersten informiert, wie ich mich denn so führe . . .
Ich würde mich noch viel wohler fühlen, wenn meine verschiedenen Gebresten nicht wären. Am meisten verdrießt es mich, daß ich den Weg hinauf über die Püttings nicht wagen kann. Ich tröste mich damit, daß der Kommandant sicher auch seit einem Dezennium oder länger schon nicht mehr oben war, obwohl er zehn Jahre jünger ist als ich.
Im Gebirge gibt es Seilbahnen zum Gipfel für Leute, die nicht mehr gut zu Fuß sind. – Hier aber hilft kein Lift. Hier steht für mich ein unsichtbares »off limits« an den Unterwanten.

Ein Segelschiff macht für meine Begriffe unter allen Schiffen am meisten Sinn: Es wandelt natürliche Energie in Fortbewegung um. Ich weiß, ich weiß: Auch für ein Segelschiff würde die Rechnung bald nicht mehr stimmen, wenn es Transportleistung zu akzeptablen Preisen

Links: Die Bramsaling von unten. Über der Bramsaling überlappen sich Mast und Stenge um etwa einen Meter.

Das suchende Auge kann auf dem rechten Bild aus der Höhe der Bramsaling eine Ovalform erkennen, die nicht etwa ein Fender oder sonstiges seemännisches Handwerksgerät ist, sondern ein Belegstück leiblicher Notdurft: eine Wanne mit geschälten Kartoffeln.

erbringen müßte, wenn zum Beispiel mit Segeln 250000 Tonnen Rohöl gegen den Widerstand des Wassers bewegt werden müßten: Dafür würden zu lange zu viele teure Leute gebraucht. Aber was gehen mich solche Rechnungen an? *Ich* werde jedenfalls aufs Beste und zu meiner vollen Zufriedenheit gegen die amerikanische Küste hin transportiert.

Ich bin so zufrieden, wie ich es seit langem nicht mehr war: Auf eine merkwürdige Weise gelöst und gespannt zugleich. Wenn mich einer fragte: »Gefällt Ihnen die Reise?« würde ich mich schier überschlagen vor lauter Zustimmung.

Wir wollen doch nicht übergenau sein: Es *muß* mich zum Beispiel nicht interessieren, wieviel dieses Schiff den Steuerzahler täglich kostet. Ich darf ja wohl die Probleme auf meine eigene Person reduzieren: Was ich esse, bezahle ich. Und über mangelnde Leistung für mein Geld kann ich mich weiß Gott nicht beklagen. Ich bin paying guest. Also: Was geht mich der Rest an?

Aber wenn durchaus argumentiert werden soll: In bezug auf dieses Schiff läßt sich nicht einfach mit Gewinn- und Verlustrechnung arbeiten. Die »Gorch Fock« hat schließlich noch Missionen, deren Erfüllung schwer bewertbar ist. »Für die deutsche Flagge werben«, sagt man dafür in Marinekreisen. Gewiß – die Bermudianer haben sich nicht viel aus dem Schiff gemacht. Aber was will das schon sagen? In Boston, so geht die Rede, warten Hunderttausende, wenn nicht gar Millionen auf das Schiff: In Boston soll es ein großes Fest geben.

Vorhergehende Doppelseite: Blick auf Bugspriet mit Klüvernetz und das Vorstengestagsegel. Darüber hängt eine Backbord-Vorsegelschot mit dem dicken Holzblock. Links im Bild: der Kat-Davit. Die Schot, die durch die rechte Bildhälfte führt, ist die Steuerbord-Vorstengestagsegelschot. Der Mann an der Reeling ist der Posten »Ausguck Back«. Den Blick zur Kimm gerichtet, schaut er nach Schiffen aus. Er hat eine gute Wache: Die Kimm ist klar, das Wetter schön – man sieht es an den einzelnen Stratusbänken. Vier Stunden ist so ein Wachtörn lang, abwechselnd hier auf der Back und am Ruder. Von der übrigen Deckswache auf dem Mitteldeck hört der Posten hier vorn nichts. Bei dieser sicherlich stabilen Wetterlage ist nur die halbe Wache an Deck eingeteilt, also ein Viertel der Mannschaft. Das heißt: Steuerbord I oder II oder Backbord I oder II.

Der »Alte«, mein ehemaliger U-Boot-Kommandant, schrieb zu diesem Bild: »Diese Darstellung von Verlorenheit in der Meereseinsamkeit ist imponierend. Wer da schon mal gestanden hat, nur das einwiegende Rauschen der Bugsee, das Atmen der Segel in der raunenden Brise, dem bringt dieses Bild die Erinnerung wieder an die tiefen Eindrücke von der erhabenen See und der Schönheit der unberührten Weite.«

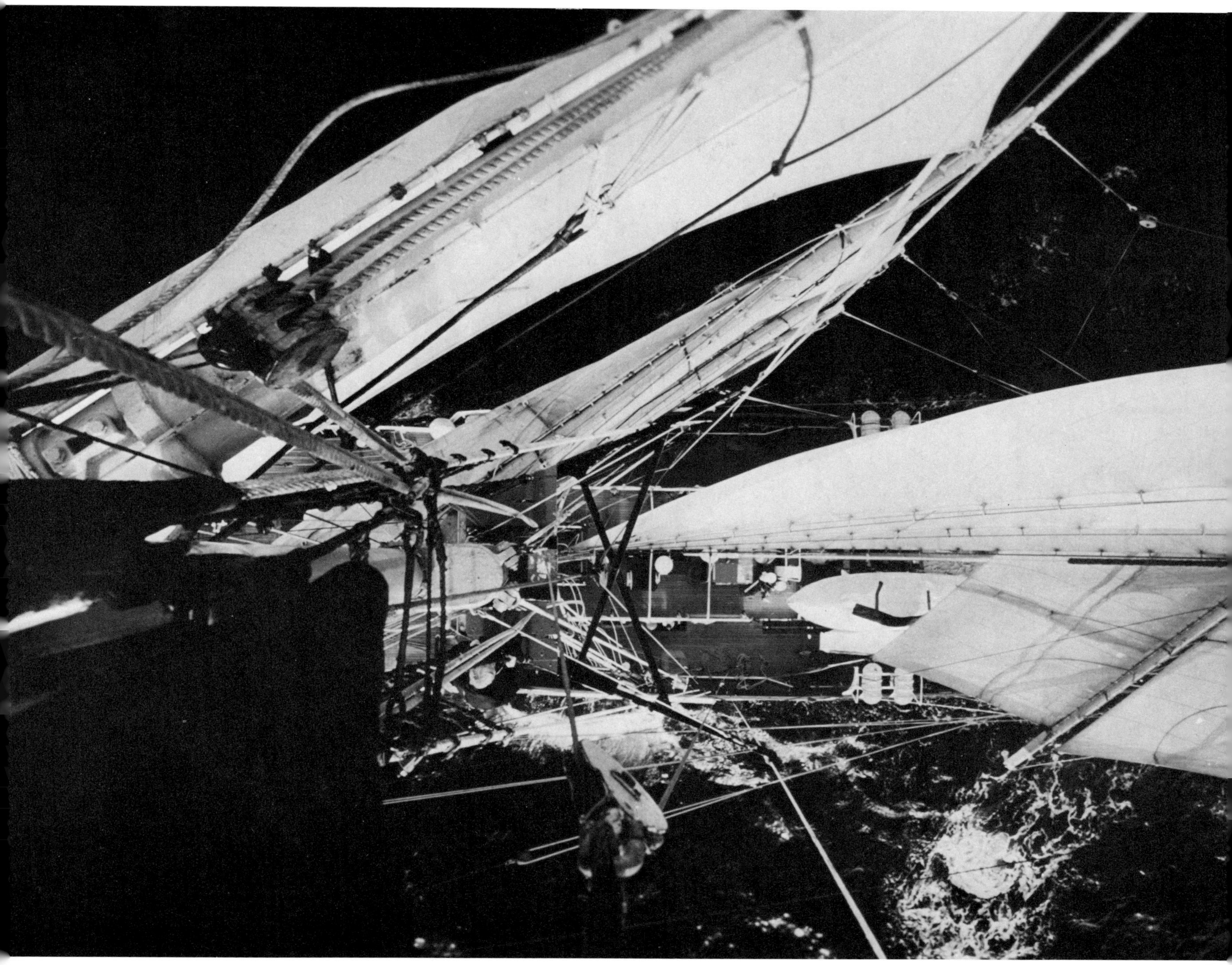

Bild links: Blick von der Back nach achtern. Auf dem Gangspill liegt der Backbord-Fockhals. Die vier einscheibigen Blöcke gehören zu den Vorsegelschoten. Das gebauschte Segel dahinter ist die Fock, das größte Segel am Fockmast.
Bild oben: Blick aus dem Fockmast in Höhe der Bramsaling auf die drei Großstagsegel, die Groß und das Großuntermarssegel.

Immer wieder irritiert mich der Anblick der drei hintereinander liegenden Steuerräder. Der Steuerstand wirkt seltsam antiquiert. Er sieht nach den Xylographien von alten Segelschiffen aus. Die hatten freilich immer nur *ein* Steuerrad, aber an diesem einen Rad schufteten sich bei Schlechtwetter vier Leute ab.

Wenn nur *ein* Steuerrad vorhanden ist – und maschinelle Krafthilfe fehlt – muß die Übersetzung der Ruderanlage sehr groß sein: Der Rudergänger muß also das Steuerrad sehr oft um die Achse drehen, um größere Ruderwirkung zu erzielen.

Das Dreifachsteuer der »Gorch Fock« ist niedrig übersetzt, die Posten Rudergänger brauchen nur wenige Speichen nachzufassen, um Wirkung zu erzielen. Niedrige Übersetzung bedingt mehr Krafteinsatz.

Auf diesem Schiff wird überhaupt anders gesteuert als auf einem Dampfer. Auf einem Dampfer hält der Rudergänger den Kompaß und den Ruderlageanzeiger im Auge, hier aber wird beim Segeln am Wind nach den Segeln gesteuert.

Vorhergehende Doppelseite: Blick aus dem Vortopp nach unten. Links oben im Bild die Vorroyalrah. Die Kausch (mit Blech ausgekleidete Öse) ist der Festpunkt des Fußpferdes für die Backbordseite dieser Rah. Fußpferd: das Drahtseil, auf dem die Männer bei ihrer Arbeit des Segelfestmachens stehen. Das Steuerbord-Fußpferd ist darunter sichtbar. Das zur Aufhängung des Fußpferdes dienende Drahtseil heißt »Springpferd«. Das Fußpferd der Royal ist etwa 42 Meter über dem Wasser. In die Tiefe gestaffelt: Bram, Obermars, Untermars, Fock. Rechts im Bild: Die Großstagsegel und die drei unteren Rahsegel des Großtopps.

Auf dem linken Bild erkennt man an Klampen am Großmast belegt die Untermarsschoten. Der Laderaum – oben im Bild – dient zum Aussetzen der beiden Motorjollen, die – siehe rechtes Bild oben – auf Barrings liegen. Bild oben: Sonntagsroutine: Wäschewaschen und Skatspielen vor dem Mastgarten. Tätowierungen sind wieder in Mode gekommen. Auf dem Schiff gab es einen regelrechten Wettbewerb um die beste Tätowierung. Die Leute im Vordergrund gehören zur Manöverwache. Daß sie keine Freiwächter sind, sieht man an den um ihre Hüften geschlungenen Lifebändseln.

Der in Luv vorne stehende Rudergänger richtet den Blick immer wieder auf die oberen Segel. Oft sehe ich ihn mit dem Kopf im Genick. Er hat, auch ohne Befehl, dafür zu sorgen, daß das Seitenliek der oberen Segel nicht back kommt und die Segel nicht killen. Dabei gerät das Schiff zwangsläufig von dem auf der Seekarte vorgezeichneten Kurs ab. Den Kompaß beobachtet der Rudergänger gleichzeitig. Er muß jederzeit dem Wachhabenden angeben können, welchen mittleren Kurs er steuert. (Der mittlere Kurs ist das Mittel aus allen Pendelungen des Schiffes nach Luv und Lee.)

»Was steuern Sie?« – »Was können Sie noch halten?« so höre ich den Wachhabenden oft. Der Kommandant hat mir erklärt: »Wenn der Wind raumt oder schralt (Raumen = Richtung verändern in einem für das Schiff günstigen, Schralen = in einem ungünstigen Sinne), wird ein guter Rudergänger seinem wachhabenden Offizier von sich aus melden, welchen mittleren Kurs er nunmehr halten kann. Diese Kooperation gibt dem Wachhabenden die Möglichkeit, den Koppelkurs an den vorausgezeichneten Sollkurs anzutragen.«

Nach allem, was der Meteorologe, ein Beamter im Rang eines Korvettenkapitäns, nach dem Mittagessen über die Bewegungen von Hochs und Tiefs mit Hilfe der frisch ausgedruckten Wetterkarte vorträgt, werden wir auf dieser Reise keinen Sturm erleben. Quasi zum Ersatz dafür lasse ich mir vom Kommandanten über seine Sturmerfahrungen mit diesem Schiff berichten.

Er geht es ganz seemännisch an:

»Wenn die Oberkante des Seekutterdavits – von der Position des WO, also von der Luvbrückennock her gesehen eben mit der Kimm abschneidet, dann ist es an der Zeit, die jeweils obersten Segel zu bergen. Das Schiff liegt dann etwa zwölf Grad über. – Vor dem Winde lenzend können wir bei Windstärke zehn mit Marssegeln noch fünfzehn Knoten laufen. Man darf nur beim Lenzen den Zeitpunkt nicht verpassen, wo man noch ohne Gefahr beidrehen kann. Die Kutter müssen dann eingeschwungen sein, damit sie von den hoch auflaufenden Seen nicht beschädigt werden.«

Der Kommandant redet über das Verhalten bei Sturm wie über eine alltägliche Routine. Dramatische Schilderungen sind nun mal nicht seine Art.

»Wenn man beigedreht hat, bekommt man den Wind vorlicher als quer, man treibt nur nach

Links: Wäschewaschen, Skatspielen, Sonnenbaden: Feiertagsroutine. Aber der Feiertag ist nicht für alle Leute an Bord Ruhetag. Die beiden im Blaumann auf dem rechten Bild waren mit dem Bootsmannsstuhl hoch oben an der Arbeit. Jetzt muß die Toppsjolle aufgeschossen und dann verstaut werden. Im Hintergrund der Wachstand unter der Backbord-Brückennock mit dem Wachoffizier.

Lee ab, ohne Fahrt voraus zu machen. Für diesen Zweck hat sich als Segelführung bewährt: Vorstengestagsegel, Sturmgroßstengestagsegel, Besanstagsegel – zusammen etwa hundertfünfzig Quadratmeter. Das Ruder liegt dann hart zu Luv, die Rahen sind angebraßt, das Schiff pendelt leicht um den Kurs. Auch ohne daß man Öl aus den Speigatten abläßt, kommen dann keine Brecher über. – Mit Marssegeln bei Windstärke zehn voll und bei zehn Knoten zu machen ist unter Umständen schon zuviel, wenn zu viel Wasser überkommt.«
Auf die Gefahr hin, mich zu blamieren, frage ich: »Was heißt ›voll und bei‹?«
»Das heißt: Ich lasse die oberen Segel nicht mehr zum Killen kommen. Das bedeutet, daß das Schiff etwa fünf Grad voller steuert als hart am Wind.«
Jetzt mache ich: »Uff!« und drücke mit theatralischem Augenverdrehen aus, daß es mir nun doch schwer wird, mit einem so tüchtigen Happen fertig zu werden.
»Das wär's auch in etwa . . .« sagt der Kommandant und bleibt wortlos mir gegenüber sitzen.
Der Kommandant hat die gleiche zögernde Art zu sprechen wie mein ehemaliger »Alter«. Auch er ist darauf bedacht, ja kein Wort zu viel zu sagen, vielmehr alles auf die kürzeste Form zu bringen. Er verhält sich beim Erklären immer so, als müsse sein Text telegraphiert werden und jedes Wort koste Geld – sein mühsam verdientes eigenes Geld.

Ich weiß: Nur selten kann ein Segelschiff sein Ziel auf direktem – das heißt kürzesten – Weg ansteuern. Es wird aber immer zum Ziel hin Raum gewinnen. Die Kunst der Kapitäne bestand zu allen Zeiten darin, aus solchen Unbilden das beste herauszuholen – das beste heißt hier: in möglichst kurzer Zeit das Ziel zu erreichen. Als »gute Reisen« wurden immer die schnellen Reisen bezeichnet.
In der Zeit der Teeclipper war Schnelligkeit besonders wichtig. Die Ladung, die als erste ankam, erzielte die besten Preise: Die neue Ernte war äußerst begehrt.
In dieser Hoch-Zeit der Segelschiffahrt gab es den Slogan: »Länge läuft«. Er wollte besagen, daß ein Schiff, wenn es schmal und lang ist, am wenigsten Wasserwiderstand bietet und die meisten Segel tragen kann.
Für die Segelschiffbauer galten ganz verschiedene Prinzipien: Entweder wollten die Reeder vorrangig ein schwimmendes Großlager haben oder Schiffe für schnelle Reisen.
Deshalb waren die Grundkonzeptionen der Segler so verschieden: Ein für die Weizenfahrt bestimmtes Schiff war ganz anders geschnitten als ein Teeclipper.

Bilder oben: Keine rechte Freude für das ordnungsgewöhnte Auge des Kommandanten: auf dem Mitteldeck an Wäschejollen schwingende Hosen und Blusen. Aber Waschorgien gehören nun mal genauso zum Bordleben wie das ständige Rostklopfen und das Pönen aller rostenden Teile.

Nächste Doppelseite: Die wachfreie Besatzung hat sich, Kapitän und Offiziere inmitten, zum Freilichtkino auf dem Mitteldeck versammelt. Der Tampen am Klöppel der Schiffsglocke ist zu einem beachtlichen Zierknoten verschlungen. Auf einen solchen »türkischen Bund« sind die Seeleute stolz.

Deshalb gibt es auch diese erstaunliche Vielfalt der Segelschiff-Formen im Vergleich zu denen von Dampfschiffen, die im Grunde doch nur vorn und hinten abgeschrägte Kästen sind – einer wie der andere.

Früher, als es noch nicht den »gewaltsamen« Antrieb gab, war beim Schiffbau Schönheit durchaus mit Zweckmäßigkeit identisch. Die Schiffskörper alter Segelschiffe sehen aus, als hätte sie das Wasser geformt und nicht der Schiffbauer.

Die Dampfkraft hat das Element brutal überwältigt. Die Eisenschiffe mußten sich nicht mehr ins Wasser schmiegen. Auch noch das fürchterlichste Plätteisen von Dampfer kann schwimmen und Geld bringen. Vor manchem modernen Schiff kann einem nur grausen. Da gibt es klobige, ungefüge Riesenbadewannen mit Zylindersteven, mit plumpen Bulbsteven, neuerdings auch mit diesen widerlichen Bugnasen, die nach Pornographie aussehen und es einem schwer machen, so ein Schiff als weiblich zu betrachten.

Die Mehrzahl der Schiffe, die sich heutzutage in den Häfen treffen, gleicht häßlichen Mißgeburten – sie zeigen nicht einmal mehr einen Abglanz von der Schönheit der alten Segler.

An den auf dem Mitteldeck ausgebrachten Wäschejollen hängen Paradeuniformen: weiße Paradehemden und -hosen, solche mit angenähtem blauen Kragen und blauen Manschetten, auf denen wieder weiße Streifen längs der Kanten aufgenäht sind: attraktiver Seelorddress.

Ich kann den Wind in den Segeln sehen, aber ich spüre ihn nicht. Auf dem Mitteldeck stehe ich im Windschutz. Die geschlossene Reeling – die Verschanzung – hält den Wind, der querein kommt, ab.
Wenn ich auf die Poop hochklettere, spüre ich den Wind schon mehr, aber nicht so stark, wie er in die Segel drückt. Woran liegt das? Die Abschwächung der Windströmungen hier auf der Poop muß eine Folge von Verwirbelungen und Umlenkungen der Windkraft durch die Aufbauten und natürlich auch durch die Segel über mir sein. Wenn ich die Wanten hochkletterte, würde ich den Wind stärker spüren.
Seitdem über die günstigsten Formen von Autokarosserien in jedem besseren Magazin räsoniert wird, weiß jeder, wie Verwirbelungen hinter einem Kubus – und die Decksaufbauten sind ja Kuben – aussehen. Jeder hat schon erfahren, daß *vor* einem solchen Kubus eine Zone geringerer Strömung herrscht als Folge des Windstaus.

Die Waschorgie will schier kein Ende nehmen: Das Zwischendeck – Wohn-, Unterrichts- und Schlafraum – in einem neuen Verwandlungszustand: Wäschekammer. Das Oberdeck ist naß wie nach einer Sturmfahrt.

Als ich zum ersten Mal auf das Schiff kam, wunderte ich mich, daß die »Navigation« an der Vorderkante des Poopdecks aufgestellt ist: ohne viel Schutz, nur mit einer Art Kinderwagenverdeck ausgestattet, das meist zusammengeklappt ist. Jetzt wundere ich mich nicht mehr: An dieser Stelle kann der Obersteuermann in aller Ruhe mit Zirkel, Bleistift und seinen Winkeln arbeiten, wenn nicht gerade schlechtes Wetter herrscht.
An *allen* Stellen ist es freilich nicht so windstill. Wenn ich über die Decks gehe, komme ich mir vor wie beim Straßenlaufen in New York: Da konnte es in den Avenuen windstill sein, die Streets aber waren Sturmdüsen.
Die Kraft des Windes, der mich manchmal packt, wenn ich in Längsrichtung des Schiffes an einem Aufbau vorbeigehe, kann mich schier erschrecken. Nur das Mitteldeck ist auch bei relativ starkem Wind eine Zone der Windstille. Bei meinen Gängen über das schräge Mitteldeck hin bin ich vor starken Windstößen sicher.

Morgen sollen wir den Ankerplatz von Boston erreichen. Ich will nun doch mit den Kameras über Unterwanten zur Marssaling hoch – und von dort aus einen Mann mit der eingestellten Kamera höher schicken und ihn durch Zurufe dirigieren: Ich brauche unbedingt ein paar Bilder von hoch oben.
Als ich im Aufentern zum ersten Mal auf den Auslöseknopf drücke, muß ich an die wichtigste Devise für den Segelschiffmatrosen denken: »Eine Hand fürs Schiff, eine Hand für den Mann«. Für mich müßte eine neue Variante so lauten: »Eine Hand fürs Schiff, eine Hand für die Kamera – eine Hand für den Mann.« Aber woher die *dritte* Hand nehmen?

Vor dem Einlaufen in einen »weißen« Hafen: Das bedeutet für die Besatzung Landgang in weißen Uniformen. In jeder freien Minute wird Zeug gewaschen. Sogar die Handläufe der Gangway bleiben nicht verschont. Zum Trocknen in Buchten aufgehängt, bilden sie kuriose Formen.

Die Küste, die als blauer Streifen vor uns liegt, ist die Küste Neuenglands. An dieser Küste sind schon die Pilgrim Fathers gelandet. Was Wunder, daß die Amis soviel Wesens um die tall ships machen: Sie begegnen, wenn sie uns sehen, ja quasi ihrer eigenen Geschichte.
Das Flaggschiff der Parade wird Amerikas ältestes Kriegsschiff sein, die 187 Jahre alte »Constitution«, ein Vollschiff, also eins mit drei rahsegeltragenden Masten. Sie hat eine Reihe von Stückpforten für ihre Kanonen an jeder Seite. Sie kommt aus Charlestown. »Besegelt ist sie nicht«, sagt der IO, »dafür ist sie zu alt. Ein Wunder, daß sie überhaupt noch schwimmt.«
Auf anderen Schiffen habe ich intensiver als jetzt die Farbspiele am Himmel erlebt. Im Rundumblick wurde der Himmel über der glatten Kimm zu einer Art allermodernstem Kuppelkino, in der viele Kameras zugleich mit wahren Farbschlachten die gewölbten Projektionsflächen füllen.
Auf diesem Schiff nehme ich, wenn ich mein rechtes Bein über das hohe Süll vorm Gang zu meiner Kammer hebe, die Himmelsbrände zuerst als Widerspiel auf den Segeln über mir wahr: Die Verschanzung des Mitteldecks ist so hoch, daß ich das Glühen unmittelbar über der Kimm nicht sehen kann, ich muß schon hinauf zur »Hütte« klettern. Aber auch, wenn ich auf der

Links: Das Schiff in Erwartung des Lotsen. Alle Besansegel sind geborgen, die Groß ist aufgegeit, das Schiff dreht gerade bei, die Lotsenleiter ist an Steuerbordseite schon ausgebracht.

Rechts: Der Lotse hat übergesetzt. Das Schiff fährt hinter dem Lotsenboot auf den Hafen in Hamilton (Bermuda) zu. Das Lotsenboot als Äquivalent für den »Follow me« auf den Flughäfen.

Poop stehe, sind es zuerst die Segeltürme, die meinen Blick fesseln. Sie werden nicht nur von rötlich gelbem Licht beschienen, sondern auch noch magisch durchleuchtet. Die heftige Farbigkeit des Abendlichts verwandelt die Segel ganz und gar. Die Stille dazu erschafft eine atembeklemmende Feierlichkeit – so stark, daß ich mich dagegen zur Wehr setze: Ich will mich nicht total überwältigen lassen, sondern fest ins Auge fassen, was sich dem Blick bietet: observieren, registrieren. Wenn ich mich jetzt gehen ließe, käme ich ins expressionistische Stammeln: »Flammentürme, Feuerspuk . . .«

Die Backbord-Wanten sind jetzt ein tiefschwarzes Gitterwerk, mit schwarzer Tusche gezeichnete Linien, senkrechte und waagerechte, die Karos bilden. In die Karos sind fein lasierend karmesinrote, orangerote und weiter oben durchsichtig goldene Töne gemalt; eine ins Gewaltige vergrößerte Farbmusterkarte. Nach oben hin werden die Felder schmaler und länger. Für Augenblicke denke ich an Vasarely, aber dann verwerfe ich den Gedanken: sein Farbauftrag ist allemal zu schwer und ohne die luzide Transparenz dieser Himmelstöne.

Jetzt, gegen das flutende Licht und die durchleuchteten Segel *sind* die Toppsgäste unförmige schwarze Vögel.

Beim Segelfestmachen: Die beiden Männer oben machen Rahsegel mit »Zeisinge« genannten Bändseln fest. Der untere Mann macht ein Besanstagsegel am Großmast fest (das Besanstengestagsegel). Rechts: die Situation in umfassenderer Perspektive. An die Gelenkigkeit der Leute und ihre Trittsicherheit werden beim Arbeiten mit freien Händen große Anforderungen gestellt. Es gilt zwar die Regel: eine Hand für den Mann, die andere für das Schiff – wenn aber mit beiden Händen zugelangt werden muß, gilt sie nur sinngemäß: Die Sicherung muß dann anders erfolgen – durch Einpicken des Karabiners am Jäckstag. Früher sicherten die Seeleute sich bei ihrer Arbeit hoch oben in der Takelage nicht: Die Behinderung ging ihnen gegen die Ehre.

Nächtliche Reede vor Boston. Das Schiff schwoit vor Anker. Der Posten Ausguck geht jetzt als Ankerposten. Groß im Bild: das Ankerspill. Die Vorsegel liegen niedergeholt auf dem Bugspriet. Im Mittelgrund hochragend ein Kat-Davit. Er dient zum Einpicken und Absetzen des Backbord-Stockankers in seine slipbaren Positionen auf den schrägen Gleitflächen des »Schweinsrückens«. Zu beiden Seiten des Ankerspills die »Kettenkneifer«. Sie dienen zur Sicherung des Ankers, gleich ob der Anker in der Klüse hängt oder auf Grund liegt. Mit diesen Kneifern wird verhindert, daß der Ankerzug ständig auf der Winsch liegt. Sie haben eine mit Hilfe einer Kurbel bedienbare Spindel, die zwei Backen zueinander führt, welche um ein Ankerglied herumgreifen und es arretieren.

Diese im Vollmondschein auf der Bostoner Reede geankerte Bark ist an ihrem ungeteilten Besan als die »Eagle« der US-Coast-Guard zu erkennen. Die »Eagle« ist ein ehemals deutsches Segelschiff, Schwesterschiff der »Gorch Fock«. Trotz der späten Stunde sind noch viele Schiffe auf der Reede unterwegs. Dicht an der Steuerbordseite der »Eagle« entlang fährt ein Schoner.

Der Großtopp mit den beiden Marssegelrahen. Die Obermarsrah ist eingefiert, die Segel werden festgemacht. An den mächtigen Rahen wirken die Männer winzig. Das Widerspiel zwischen den krausen Formen der eingeholten Segel und den starren Lineamenten von Masten, Rahen und dem vielerlei laufenden Gut hat große graphische Reize.

Nächste Doppelseite: Blick auf den Vortopp bei Nacht. Das Schiff liegt auf Reede vor Anker. Damit es als Ankerlieger erkannt wird, wollte sich der WO nicht allein auf den Mondschein verlassen – er hat die Toppstrahler zur vollen Illuminierung angestellt: gerade genug Licht, damit ich die Takelage als Umkehrzeichnung mitsamt dem Vollmond photographieren kann.

Mir wird plötzlich bewußt, daß ich weder Ausweispapiere noch Geld in der Tasche habe. Wenn ich etwas zu trinken brauche, nehme ich es mir aus dem Eisschrank in der Pantry und schreibe »1 Bier« oder »1 Saft« und meinen Namen dazu in die in der Messe aufliegende Kladde mit den rosa Kassenbons. Schon geregelt! Was für ein angenehmes Dasein. Sonst taste ich, wenn ich schon mal von meiner ländlichen Behausung aus in die Stadt fahren muß, nervös an mir herum, ob ich auch alles Nötige bei mir habe. Hier brauche ich nicht einmal einen Schlüsselbund, geschweige denn einen Führerschein.

»De armen Lüd an Land!« Wie recht der Schmutt hat, wenn er seinen stehenden Spruch mit schöner tragender Stimme anbringt. Zu meinem einfachen Leben gehört auch, daß ich mir meine Unterwäsche selber wasche. Der Versorgungsoffizier spendet mir dazu Waschpulver. Das Waschbecken genügt als Zuber. Beim Waschen werden meine teerverdreckten Fingernägel auch gleich mit sauber: Doppeleffekt. Mein Kammergenosse hat sogar Wäscheklammern und eine grüne Plastikleine. Die kann ich zwischen dem Spind und einer Bulleyeklampe spannen und mein Unterzeug daran aufhängen: Ich will nicht mit schmutzigem Zeug in der Tasche in Boston von Bord gehen müssen.

Von draußen klingt der Ruf herein: »Backbord Seewache sich klarmachen.«

Es ist 18.10 Uhr, 18.20 Uhr zieht die neue Wache auf. Es gibt hier vier Wachen. Die abgelöste Wache ist die Steuerbord zwo Wache. Nach ihr kommt die Backbord zwo. Nach der Backbord zwo kommt Steuerbord eins und dann Backbord eins.

Vom IO erfahre ich: »Wenn Regatta gefahren wird, wird im Zweiertörn mit der ganzen Steuerbord- oder Backbordwache aufgezogen. Wenn unter Umständen Halsen notwendig wird, muß auch die andere Wache an Deck geholt werden. Es werden dann auch noch andere Segel gesetzt: anstatt des Jagers zum Beispiel ein Flyer. Die Stagsegel werden auch durch größere Segel ersetzt.«

Der Kommandant scheint erst zufrieden zu sein, wenn *alle* Segel gesetzt sind. Und wenn er dann seinen Blick nach oben richtet, kommt es mir vor, als wünschte er sich da oben noch viel mehr Segeltuch, als die Masten und Rahen schon tragen.

Segelschiffer versuchten zu allen Zeiten so viele Segel zu setzen wie nur irgend möglich.

Es gab sogar Schiffe – auch die »Mayflower« gehörte dazu –, die unter dem Klüverbaum noch ein Segel führten: die »Blinde« (das »blinde Segel« an der »blinden Rah«).

»Das wird ein schöner Rummel!« sagt der IO und meint die Festivitäten für die tall ships in Boston. »Gerammelt volles Programm vier Tage lang. Da gibts für unsereinen keine Stunde Ruhe.«

Ich tue ihm den Gefallen und frage: »Was passiert denn da alles?«

Gleich haspelt der IO los: »Sportwettkämpfe – Fußball; das heißt: soccer – Schwimmen – Bälle noch und noch – und dann natürlich open ship – das ist das Schlimmste.«

»Richtige Bälle mit ladies?« frage ich nach.

»Und ob!« macht der IO und verdreht theatralisch die Augen, »und dazu Old New England Buffet on the Esplanade, vom Rotary Club gesponsert. – Konzert der US Marine Corps Band – Gottesdienst gleich hier auf dem Pier – dann ein Konzert der US Coast Guard Band im City Hall Plaza . . . Unser Chor muß da auch auftreten. – Na, undsoweiter bis zum Riesenbrillantfeuerwerk. – Am vierten Juni two p. m. beginnt dann Gott sei Dank die Regatta nach Kristiansand.«

»Hartes Leben an Bord!« bringe ich einen stehenden Spruch an und grinse dazu so ostentativ, daß dem IO gar nichts anderes übrig bleibt als mit gespieltem Neid zu sagen: »Sie haben es schön. Sie sind dann schon wieder zu Hause.«

Wie könnte ich dem IO klarmachen, daß ich das gar nicht als so schön empfinde und verdammt gern bis Kristiansand an Bord bliebe? Ich brauchte lange dazu. So kontere ich lieber: »Ihr Kommandogebrüll wird mir fehlen!«

»Und dann die Gäste!« der IO bringt es mit einer Art Seufzer nach einer guten Weile hervor, und ich frage gleich beflissen: »Wer ist denn angemeldet?«

»Der Herr Marineattaché natürlich. Der kommt aus Washington herbei. – Der Herr Botschafter wird uns wohl auch die Ehre geben – und der Herr Generalkonsul aus New York . . . undsoweiter.«

Der IO kann offenbar der Aufzählung der Offiziellen keine Freude abgewinnen. Er holt Luft und setzt neu ein: »Ich bin immer froh, wenn wir wieder draußen sind.«

Genau so habe ich meinen Alten reden hören, aber nicht nur in Durban als Kapitän der »Otto Hahn«, sondern fast 46 Jahre früher in St. Nazaire, als er Kommandant von U 96 war.

Vorhergehende Doppelseite. Links: Die norwegische »Christian Radich« –, ein Vollschiff, passiert die »Gorch Fock«.

Rechts oben: Blick von der »Gorch Fock« auf den britischen Dreimastschoner »Winston Churchill«: sehr hohe Stengen, sehr ausladender Clippersteven, ausladendes Heck. Auffallend die starke Mastschräge. (Da der Winddruck ja hauptsächlich von achtern kommt, können Masten mit so stark achterlicher Neigung gesetzt werden). Die riesigen Segel lassen sich bei Sturm nur schwer verkleinern, sie sind schwierig zu handhaben. Der Rahsegler hat vor so einem Schoner den Vorteil, daß er über mehrere Segel übereinander verfügt, die er sukzessive verkürzen kann.

Rechts unten: Ein Dreimast-Toppsegel-Schoner: Er führt Schonersegel mit Toppsegeln an den Stengen. Nur an der vorderen Stenge hat er zwei Rahsegel, die dritte untere Rah ist ohne Besegelung. Sie dient nur zur Führung der Untermarsschot wie die Baginenrah früher für das Ausspannen des Kreuzsegels. Die beiden Rahsegel sind Untermars und Obermars. Das Schiff führt vier Vorsegel. Es sind – von außen nach innen: Jager, Außenklüver, Klüver, Vorstengestag. Die Schonersegel sind mit dem Oberliek an der Gaffel, mit dem Unterliek am Baum angereiht: Es ist die amerikanische »Lindoe«.

Rechts: Blick über die Steuerräder auf Großtopp und Vortopp. Gesetzt sind alle Marssegel; Royal und Bram sowie die Untersegel sind aufgegeit.

Während der Aufstellung der Großsegler zur Parade segeln zwei Vollschiffe aneinander vorbei und zwar mit gleichem Wind auf verschiedenem Bug. Das vordere Schiff hat die Groß aufgegeit, möglicherweise um eine bessere Sicht zu haben. Das dritte Schiff (im Bild rechts) ist ein Zweimastschoner. Die beiden Vollschiffe führen am Kreuzmast ein Gaffelsegel, dafür ist die untere Rah am Besanmast nicht besegelt. Dieses Segel dient auch als Stützsegel. Ein solches Gaffelsegel ist zum Luven beim Wenden nützlich und wird dazu mittschiffs geholt.

Links: Das internationale Unterscheidungssignal des Schiffes: Delta, Bravo, Romeo, Charlie – am Besan vorgeheißt. Die vier roten Lampen dicht am Besanmast leuchten, wenn das Schiff manövrierunfähig ist.

Oben: Diese Flagge der »Asta« (American-Sail-Training-Association) wird vor der Regatta gesetzt und bezeichnet Regattateilnehmer der Klasse A (Für Schiffe mit mehr als über 500 Themse-Tonnen Vermessung). Der Mann oben im Bild holt das Schothorn der Großobermars an die Rah. Er hat dazu einen Schotaufholer durch den Eisenring des Schothorns geschoren. Der untere Mann hilft ihm bei seiner Arbeit.

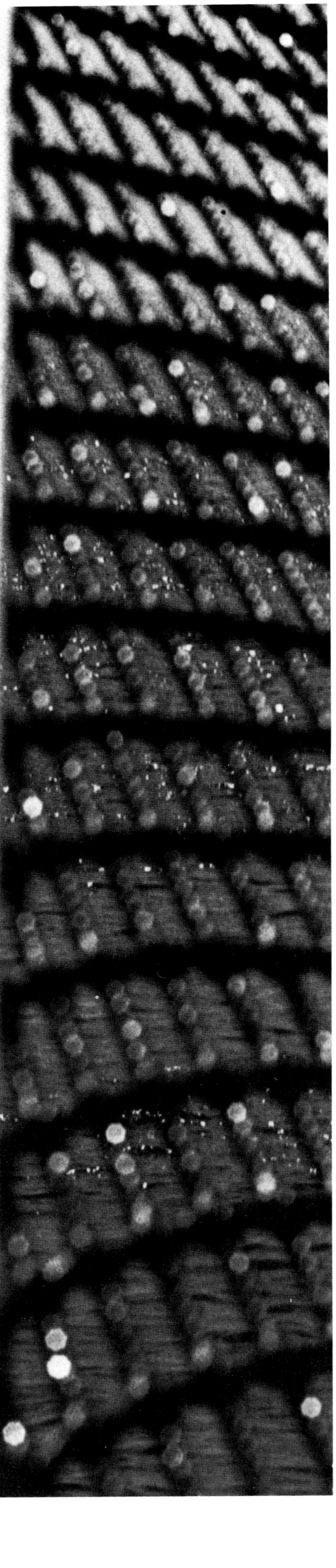
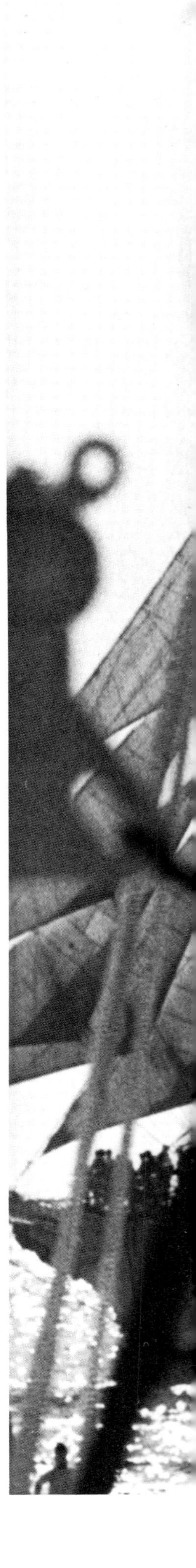

Die »Christian Radich«; rechts: durch das Steuerbord-Großwant der Gorch Fock gesehen.

Der schräge Doppelpoller mit der Schot der Fock. Dazu der Hals des Großsegels Steuerbordseite. An Deck zwei Tauwerksenden, gedreht und schneckenförmig aufgeschossen. Man kann auch in Achterformen aufschießen und – bei genug Länge – sogar in doppelten Achten. (Da muß man aber aufpassen, daß sie sich beim Ablaufen nicht vertörnen.)

Der »Mastgarten« des Großmastes. Er besteht aus drei Nagelbänken, je eine an Backbord und an Steuerbordseite des Großmastes und eine achtern. Das Bild zeigt den Backbordteil. Hier sind folgende Brassen und Fallen belegt: Untermarsschot, Großgeitau, Toppnant, Großinnengording, Großaußengording, Obermarsschot, Bramschot, Royalschot. Links neben dem Großmast ein senkrecht angelaschter Reserve-Stockanker und das hafenfest gemachte Besanstagsegel.

Metamorphose des Ruderstandes im Zielhafen: Über das Achterschiff ist ein Sonnensegel als Zeltdach gespannt. Flaggen bilden die senkrechten Wände. An das Buffet auf der Back haben die Leute in der Kombüse ihre ganze Liebe gewendet. Jetzt können die Gäste aufkreuzen. Zu ihren Ehren ist bildbeherrschend die Flagge des Gastlandes – Bermuda – ausgebracht.

Blick nach vorn auf Großmast und Fockmast. Zu sehen ist die »Navigation«, ein Navigationspult, auch »Kutsche« genannt – wegen seines wie ein Kutschverdeck hochklappbaren Schutzes.

Die Steuerbord-Brückennock. Von der offenen Brücke aus führt der wachhabende Offizier das Schiff. Ein geschlossenes Ruderhaus wie auf Dampfern gibt es auf Segelschiffen nicht: Der Blick muß auch nach oben frei sein.

Links: Vor der Skyline von Boston. Gewinkt wird auf Befehl: »Winken!« Wenn nach Meinung des wachhabenden Offiziers genug gewinkt worden ist, befiehlt er: »Ausscheiden mit Winken!«

Matrosen der »Gorch Fock« beobachten das Anlegen der kolumbianischen »Gloria« an der Army Base Pier in Boston. Statt unter Segeln kam die »Gloria« motorgetrieben, aber mit paradierender Besatzung in den Rahen, herein.

Die Reise ist, als unser Anker fällt, fast zu Ende. Die umgedrehte, also verkehrte Reihenfolge meiner Schiffe hat etwas Verwirrendes: Das Segelschiff ist für mich erst sehr lange nach den Kriegsschiffen und lange nach dem Atomschiff gekommen. Wenn ich der normalen Genealogie der Schiffe gefolgt wäre, hätte ich gleich vom Faltboot mit dem Treibersegel auf ein ordentliches Segelschiff umsteigen sollen. So hatte ich es mir auch in den Kopf gesetzt. Aber der Führer befahl, und ich hatte zu folgen. Mein nächster schwimmender Untersatz wurde der Zerstörer »Karl Galster«, und der Kurs wurde damals in den Bristol-Kanal hinein abgesetzt zu einem nächtlichen raid: Das war anno 1940, und die Erinnerungen daran sind gar keine guten. Ich hole jetzt also Versäumtes nach. Daß ich mich dabei um viele Jahre verjüngt fühle, ist eine merkwürdige Erfahrung dieser Reise.

Ein Hubschrauber vom winzigsten Typ, den ich je sah, kommt dicht über dem Wasser herangetänzelt, als wir gerade erst den Ankergrund vor Boston erreicht haben. Der Hubschrauberpilot winkt uns zu. Er scheint sich zu freuen, daß er Publikum gefunden hat und vollführt auch eine Art Ballett-Pirouetten selbst noch im Auf und Nieder, wie manchmal Mückenschwärme sie vollführen. Wenn er tiefkommt, bügelt er das Wasser flach und überzieht es auch noch mit einer Gänsehaut.

»Zwei Welten begegnen sich!« Kaum habe ich das gedacht, verwerfe ich es schon wieder. So eine einfältige eingängige Zeile würde noch jedem einfallen zu den Fotos, die ich jetzt durch die Wanten hindurch von dem Schwirrvogel mache. Ich habe auch schon Fotos von weißen Kondensstreifen, die quer durch unsere schwarz zeichnenden Wanten hindurchführen. Auch für diese fehlt mir eine »schlagende« Unterschrift, die der Symbollast dieser weiß schwarz Graphik gerecht wird.

Ich drücke noch einmal, gerade als der Hubschrauber abschwirrt, auf den Auslöser. Dabei grinse ich insgeheim. Was soll der Quatsch auch. Solche bedeutungsbefrachteten Bilder sind nicht deine Art, old chap, sage ich zu mir selber. Ich sollte lieber ruhig an meinem Platz sitzen und den Blick gelassen rundum führen. Die Sonne wärmt mir so schön den Balg. Nun ziehe ich die Brauen zusammen, um den Blick zu schärfen, weil wieder ein Großsegler stolz geflügelt über die Kimm hochkommt. Nicht mehr lange, und fast alle tall ships der ganzen weiten Welt werden sich auf diesem Ankergrund versammelt haben.
Boston. Army Base-Pier. Während auf der Poop aus Flaggen eine Art Partyzelt errichtet wird, blättere ich noch einmal im Logbuch und lese die letzten Eintragungen nach, bis hin zur Notiz:

»ENDE DER SEEREISE.«

Der Mann, der das hinschrieb, hat Sinn für das Gewicht und die Würde dieser finalen Eintragung erwiesen: Er hat für sie Versalien gewählt.

Rechts: Bilder vom Festmachen der Segel. Im Hafen dürfen die Segel nicht einfach aufgegeit an den Rahen hängen, sie müssen vielmehr mit erheblicher Mühe so sorgfältig festgemacht werden, daß man beim Blick auf die Takelage gegen das Licht die Segel gar nicht mehr sehen kann.

Letzte Doppelseite: Landfein zum Stadtbummel im Zielhafen. Die Masten und Rahen der hintereinander an der Pier liegenden Großsegler sind kaum noch zu identifizieren. So muß es in der großen Zeit der Segelschiffahrt in Häfen wie London, Hamburg oder Baltimore ausgesehen haben: ein Bild voller Nostalgie, das nur ein moderner Kran und ein neuer Lagerschuppen stört.

EET

ATES COA

Segelschulschiff »Gorch Fock«
(Zeichnung von Peter Knuth)
Takelungsart: Bark
Baumaterial: Stahl
Eigner: Deutsche Bundesmarine
Werft: Blohm & Voss, Hamburg
Baujahr: 1958
Stapellauf: 23. August 1958
Indienststellung: 17. Dezember 1958

Bezeichnung der Masten, Rundhölzer und Segel

A *Bugspriet*
1 *Jager*
2 *Außenklüver*
3 *Innenklüver*
4 *Vorstengestagsegel*
B *Fockmast*
5 *Fock*
6 *Voruntermarssegel*
7 *Vorobermarssegel*
8 *Vorbramsegel*
9 *Vorroyalsegel*
10 *Großstengestagsegel*
11 *Großbramstengestagsegel*
12 *Großroyalstengestagsegel*
C *Großmast*
13 *Großsegel*
14 *Großuntermarssegel*
15 *Großobermarssegel*
16 *Großbramsegel*
17 *Großroyalsegel*
18 *Besanstagsegel*
19 *Besanstengestagsegel*
20 *Besanbramstengestagsegel*
D *Besanmast*
21 *Unterbesan*
22 *Oberbesan*
23 *Besantoppsegel*

Hauptabmessungen:
Länge über alles: 89,32 m
Länge zwischen den Loten: 70,00 m
Größte Breite: 12,02 m
Tiefgang in der Konstruktionswasserlinie: 4,60 m
Deplacement: 1762 ts
Gesamtsegelfläche: 1952 m²
Hilfsantrieb: Dieselmotor 800 PS
Besatzung gesamt: 269 Mann

Anmerkung: die Rahen tragen die Bezeichnung der Segel.
Zum Beispiel: Großsegel – Großrah
Großobermarssegel – Großobermarsrah
Die Bezeichnung der Rundhölzer am Besanmast:
I Besanbaum
II Unterbesangaffel
III Oberbesangaffel

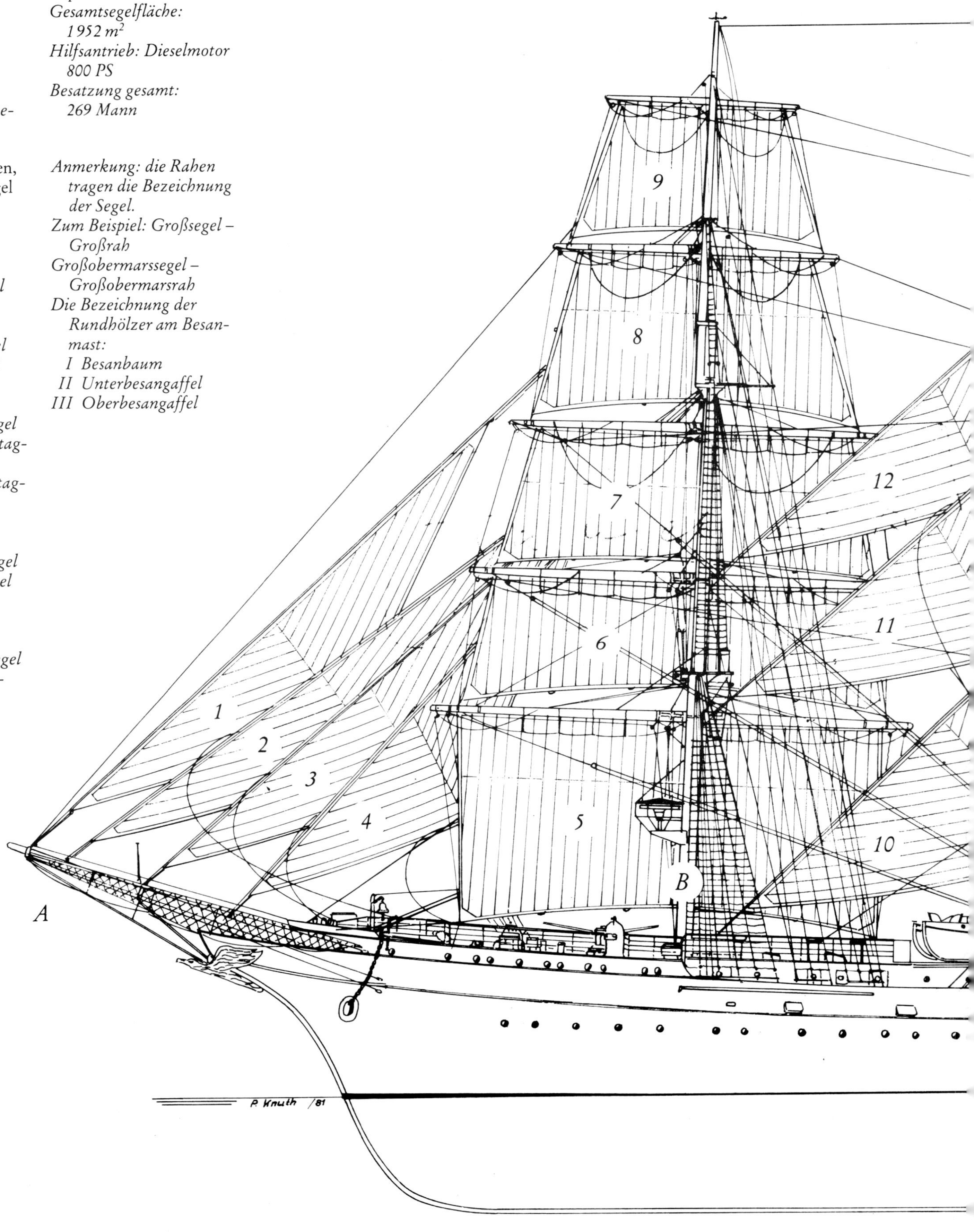

17
16
15
14
13
20
19
18
23
22
21
III
II
I
C
D

Achterliek, hinteres Liek eines Stagsegels
Ankerklüse, seitliches Loch am Bug, durch das die Ankerkette läuft
aufentern, (besonders in die Takelage) hinaufsteigen
aufgeien, zusammenziehen eines Segels nach oben zur Rah mit Hilfe der Geitaue und Gordings
aufheißen, an einer Leine hochziehen
Außenklüver, (bei der „Gorch Fock" das zweite Vorsegel
Außenklüverleiter, von der Vorbramsaling zum Bugspriet verlaufendes Stag, an dem der Außenklüver gefahren wird

Back, Aufbau über dem Vordeck, auch: Tisch, Tischplatte
Backbord, linke Seite des Schiffes
Backstag, schräg nach hinten verlaufendes Stag
Bark, drei- oder mehrmastiges Segelschiff mit Rahsegeln, dessen hinterer Mast jedoch Gaffelsegel fährt
Barkasse, ursprünglich das größte an Bord mitgeführte Boot, heute zumeist ein offenes Motorboot
Bauchband, senkrechter Verstärkungsstreifen eines Rahsegels
bekleeden, Umnähen von Tauwerk mit Segeltuch
belegen, Tauwerk an Pollern, Koffienägeln etc. festsetzen
Besan, Kurzform für Besanmast oder Besansegel
Besanausholer, Tau zum Aus- und Einholen des Besansegels
Besanbaum, untere Spiere, an der das Besansegel, bzw. das Unterbesansegel, unten befestigt ist
Besanbramstagsegel, (oder Besanbramstengestagsegel) oberstes Stagsegel zwischen Besan- und Großmast
Besaneinholer, Tau zum Ein- und Ausholen des Besansegels
Besanmast, hinterer Mast einer Bark mit an Gaffeln gefahrenen Besansegeln
Besansaling, Saling am Besanmast
Besanschot, Schot des Besansegels
Besanstagsegel, unteres Stagsegel zwischen Besan und Großmast
Besanstengestagsegel, mittleres Stagsegel zwischen Besan- und Großmast
Besantoppsegel, dreieckiges, zwischen Besangaffel und -stenge bzw. -bramstenge angeschlagenes oberstes Segel am Besanmast
beschlagen, festschnüren
Block, Rolle, über die Tauwerk läuft
Bootsmannsstuhl, waagerecht zwischen zwei Schlaufen hängendes, als Arbeitssitz aufheißbares Brett
Bram, gebräuchliche Abkürzung für Bramsegel
Brampardune, an der Bramstenge ansetzende Pardune
Bramrah, die Rah des Bramsegels
Bramsaling, Saling am Fuß der Bramstenge
Bramsegel, an der Bramstenge gefahrenes (bei der „Gorch Fock" zweitoberes) Rahsegel
Bramstenge, an der Bramsaling ansetzende zweite Verlängerung des Mastes
Bramstengewant, vom oberen Ende der Bramstenge zur Bramsaling verlaufendes Want
Brass, Tau zum horizontalen Schwenken der Rahen
Brassbaum, außerhalb der Bordwand angebrachte Stange mit Blöcken, über die die Brassen laufen
Brücke, quer über die Schiffsbreite verlaufende erhöhte Plattform, von der aus das Schiff geführt wird
Brückennock, äußere Ecke der Brücke
Bug, vorderster Teil des Schiffes
Bugspriet, über den Bug vorragende Spiere
Bullentalje, Talje zum Halten des Besanbaums an Lee
Bulley, (bei der Handelsschiffahrt auch: Bullauge) rundes, seefest verschließbares Fenster in der Bordwand

Davit, schwenkbarer galgenartiger Kran, in dem an Taljen die Schiffsboote hängen und zu Wasser gelassen werden können
dichtholen, „strammziehen" von laufendem Gut
Doppelung, meist bandförmige Verstärkung durch doppelt genähtes Segeltuch

Eselshaupt, eisernes Verbindungsstück am Topp des Untermastes, das die Stenge hält
Etmal, die in 24 Stunden von einem Schiff zurückgelegte Strecke

Fall, Tau zum Heißen der Segel
fieren, nachlassen, lockerlassen einer Leine, herunterlassen eines Segels
Fock, gebräuchliche Abkürzung für Focksegel
Fockbrass, Brass des Focksegels
Fockhals, Hals des Focksegels
Fockmast, vorderer Mast
Fockrah, Rah des Focksegels
Focksegel, unterstes Rahsegel des Fockmastes
Fockstag, vom Fockmast oberhalb der Fockrah zur Back verlaufendes Stag
Fußliek, unteres Liek eines Rahsegels
Fußpferd, unter der Rah befestigte Taue, auf denen die Toppsgasten bei der Arbeit an der Rah stehen

Gaffel, aufheißbare Spiere zur Befestigung eines Gaffelsegels
Gaffelgeere, Tau zum Schwenken und seitlichen Festsetzen der Gaffel
Gaffelliek, oberes Liek eines Gaffelsegels
Gangspill, waagerechte, von mehreren Männern durch eingesetzte Handspaken drehbare Winde
Gangway, Verbindungssteg von Bord zur Kaimauer
Gatchen, Löcher am Segelrand zum Anschlagen der Segel bzw. Durchführen von Gordings
Geitau, Tau zum Aufgeien von Segeln, an deren Schothörnern sie befestigt sind
glasen, Schlagen der Schiffsglocke zur Angabe der Uhrzeit
Gording, Taue zum Aufgeien von Segeln, befestigt am Unterliek und zur Rah hochziehend
Groß, gebräuchliche Abkürzung für Großsegel
Großbrambrass, Brass des Großbramsegels
Großbramrah, Rah des Großbramsegels
Großbramsegel, Bramsegel des Großmastes
Großbramstagsegel, (oder Großbramstengestagsegel) mittleres Stagsegel zwischen Großmast und Fockmast
Großbrass, Brass des Großsegels
Großmars, Mars des Großmastes
Großmast, der zweite, höchste Mast
Großobermarsrah, Rah des Großmastes
Großobermarssegel, Obermarssegel des Großmastes
Großrah, Rah des Großsegels
Großroyal, gebräuchliche Abkürzung für Großroyalsegel
Großroyalbrass, Brass des Großroyalsegels
Großroyalrah, Rah des Großroyalsegels
Großroyalsegel, Royalsegel des Großmastes
Großroyalstagsegel, (oder Großroyalstengestagsegel) oberstes Stagsegel zwischen Großmast und Fockmast
Großsegel, unterstes Rahsegel des Großmastes
Großstengestagsegel, unteres Stagsegel zwischen Groß- und Fockmast
Großtopp, Spitze des Großmastes, auch als Bezeichnung für den Großmast selbst gebräuchlich
Großuntermarsrah, Rah des Großuntermarssegels
Großuntermarssegel, Untermarssegel des Großmastes

Hals, untere vordere Ecke eines Stag- oder Besansegels
halsen, vor dem Wind wenden
Handlauf, seemännisch für Geländer
heißen = aufheißen
Hoftau, soviel wie „Haupttau", das die Wanten bildet
holen, ziehen, besonders emporziehen, eines Taus
Hütte, (auch Poop) der hintere Decksaufbau
Hüttendeck, das die Hütte bedeckende Deck

Innenklüver, (bei der „Gorch Fock" das dritte) Vorsegel
Innenklüverleiter, Stag, an dem der Innenklüver geheißt wird
I O, Abkürzung für 1. Offizier

Jäckstag, entlang der Rah befestigtes Stahldrahttau oder Rundeisen, an dem mit seinem Oberliek das Segel ausgeschlagen wird
Jager, das vorderste Vorsegel

Kammer, Einzelwohnraum an Bord, insbesondere für Offiziere, im Gegensatz zu den „Quartieren" der Mannschaft
Kausch, mit Blech ausgeschlagene Öse

Kimm, seemännisch für Horizont
Klaufall, Fall am Mast zum Holen und Fieren der Gaffel
Klüver, ein Vorsegel
Klüvernetz, Schutznetz unter dem Bugspriet
Koffienagel, eiserner oder hölzerner Stift zum Belegen von Tauwerk
Koje, an Bord fest eingebaute Bettstelle
Kommandant, bei der Marine: der Schiffsführer
Kopf, oberes Ende eines Dreiecksegels
Kreuzmast, hinterster Mast eines Vollschiffes
Kurs, Himmelsrichtung, in die das Schiff fährt

laufendes Gut, nicht feststehendes Tauwerk, mit dem Spieren und Segel bewegt werden
Lee, die dem Wind abgekehrte Seite
Legel oder *Stagreiter,* durch Wirbel schließbare Ringe, die das Segel am Stag festhalten
Liek, Tau, mit dem die Ränder der Segel eingefaßt sind
Lifebändsel, um die Hüfte geschlungene Leine zur Sicherung bei Arbeiten in der Takelage
Lord, Marineausdruck für den einfachen Seemann
Luv, die Seite, von der der Wind kommt

Mars, Plattform auf der Saling des Untermastes, der Marssaling (auch abgekürzt für diese gebraucht)
Marsrah, die Rah des Marssegels
Marssaling, Saling am Fuß der Marsstenge
Marssegel, an der Marsstenge gefahrenes Rahsegel, oft geteilt in Ober- und Untermarssegel
Marsstenge, auf den Untermast gesetzte Stenge (bei der „Gorch Fock" bestehen Untermast und Marsstenge aus einem Stück)
Marsstengewant, Want von der Bramsaling zur Marssaling
Mastgarten, dreiseitige Gruppe von Nagelbänken am Mastfuß
Messe, bei der Marine Speise- und Aufenthaltsraum für Offiziere bzw. Unteroffiziere

Nagelbank, Lattenwerk mit Löchern, in die Koffienägel zum Belegen von laufendem Gut gesteckt sind
niederholen = herunterlassen
Niederholer, Tau zum Niederholen von Segeln
Nock, Ende, vorspringende Ecke

Oberbesan, oberes Besansegel
Oberbesangaffel, Gaffel, an der das Oberbesansegel oben befestigt ist
Obermars, gebräuchliche Abkürzung für Obermarssegel
Obermarsbrass, Brass des Obermarssegels
Obermarsfall, Fall des Obermarssegels
Obermarsniederholer, Niederholer des Obermarssegels
Obermarsrah, Rah des Obermarssegels
Obermarssegel, oberes Marssegel, bei der „Gorch Fock" das mittlere Rahsegel

Palstek, seemännischer Knoten
Pardune, Tau zur seitlichen Abstützung von Masten und Stengen
Piekfall, Fall an der Gaffelnock zum Holen und Fieren der Gaffel
Planke, seemännisch für Brett
Poller, hölzerner oder eiserner Stumpf zum Belegen von Tauwerk
pönen, malen, anstreichen
Poop, (ursprünglich englisch für) Hütte
Positionslaterne, farbiges Licht (grün für Steuerbord, rot für Backbord), das nachts die Seite des Schiffes kennzeichnet
pullen, seemännisch für rudern
Püttings, eiserne Stangen oder Ketten am unteren Ende der Wanten
Püttingswanten, eiserne Stangen, die die Saling nach unten abstützen und den Zug der Stengewanten auf den Untermast übertragen

Rah, Spiere, an der das Rahsegel befestigt ist
Rahnock, äußerstes Ende (Spitze) der Rah
raum, raumer Wind = von hinten einkommend
Reff, durch Reffbändsel bewirkter waagerechter Einschlag (Verkürzung) eines Segels
Reffband, waagerechte Doppelung (Verstärkung) eines Rahsegels, bis zu dessen Höhe dieses gerefft werden kann
Reffbändsel, kurze dünne Taue am Rahsegel zum Einlegen eines Reffs
reffen, ein Segel durch Einlegen von Reffs verkürzen
Reffliek, waagerecht in der Mitte eines Rahsegels verlaufendes Liek, bis zu dessen Höhe das Segel zu reffen ist
Rigg = Takelage
Royal, gebräuchliche Abkürzung für Royalsegel
Royalrah, die Rah des Royalsegels
Royalsegel, oberstes Rahsegel
Ruder, Steuer des Schiffes
Rudergänger, der das Schiffsruder bedienende Seemann

Saling, Gerüst am Topp von Masten und Stengen zum Abstützen von Wanten
schamfielen, scheuern, durch Reiben beschädigen
Schmadding, Bezeichnung für den Bootsmann
Schot, Taue, mit denen (bei den Rahsegeln ergänzend zu den Brassen) die Stellung der Segel zum Wind reguliert wird
Schothorn, untere Ecke eines Rahsegels, an der die Schot befestigt ist
Seitenliek, seitliches Liek eines Rahsegels
Sorgleine, Tau zur Sicherung des Ruders
Spiere, außer den Masten alle Rundhölzer der Takelage
Stag, Tau zur Abstützung der Masten nach vorn
Stagliek, vorderes Liek eines Stagsegels (auch Vorliek genannt)
Stagreiter – Legel
Stagsegel, an den Stagen heißbare Dreieckssegel
Stampfstock, senkrecht nach unten am Bugspriet befestigte Spiere zum Abstützen des Wasserstags
stehendes Gut, feststehendes Tauwerk, das die unbeweglichen Masten und Spieren abstützt
Stenge, abnehmbare Spiere zur Mastverlängerung
Steuerbord, rechte Seite des Schiffes
Steven, Vorderkante (Vorsteven) eines Schiffes (hintere Kante = Achtersteven)
Stropp, Tauschlinge
Stückpforte, Öffnung für die Geschütze, nach außen hochziehbare Klappe in der Bordwand bei den früheren hölzernen Kriegsschiffen

Takelage, Gesamtbezeichnung für die Segelausrüstung, das heißt: Masten, Spieren, Tauwerk und Segel
Talje, seemännisch für: Flaschenzug, aus Blöcken und durchlaufender Leine bzw. Kette bestehendes Hebezeug
Tampen, kurzes Stück eines Taus
Topp, Spitze, besonders die eines Mastes
Toppnanten, von den Masten oder Stengen zu den Nocken der Rahen verlaufende Taue, mit denen deren Horizontallage reguliert werden kann
Toppsgast, Bezeichnung für in der Takelage arbeitende Matrosen
Türkenbund, ein Zierknoten

Unterbesan, unteres Besansegel
Unterbesangaffel, Gaffel, an der das Oberbesansegel unten sowie das Unterbesansegel oben befestigt ist
Unterliek, unteres Liek eines Rahsegels
Untermars, gebräuchliche Abkürzung für Untermarssegel
Untermarsbrass, Brass des Untermarssegels
Untermarsrah, Rah des Untermarssegels
Untermarssegel, unteres Marssegel, bei der „Gorch Fock" das zweituntere Rahsegel
Untermast, unterer, fester Teil des Mastes ohne die aufgesetzten Stengen
Unterwant, Want zur Abstützung des Untermastes

Vollschiff, Schiff mit drei bis fünf ausschließlich rahgetakelten Masten
Vorbramrah, Rah des Vorbramsegels
Vorbramsegel, Bramsegel des Fockmastes
Vorliek, vorderes Liek eines Stagsegels
Vormars, Mars des Fockmastes
Vorobermarsrah, Rah des Vorobermarssegels
Vorobermarssegel, Obermarssegel des Fockmastes
Vorroyalrah, Rah des Vorroyalsegels
Vorroyalsegel, Royalsegel des Fockmastes
Vorsegel, an den vom Fockmast zum Bugspriet verlaufenden Stagen geführte Segel
Vorstengestagsegel, (bei der „Gorch Fock" das vierte) Vorsegel
Vortopp, Spitze des Fockmastes, auch als Bezeichnung für den Mast selbst gebräuchlich
Voruntermarsrah, Rah des Voruntermarssegels
Voruntermarssegel, Untermarssegel des Fockmastes

Want, seitliche Abstützung der Masten, bestehend aus den senkrechten Hoftauen und den zwischen diesem quer „gewebten" Webleinen, die den Toppsgasten zum Aufentern dienen
Wasserstag, Stag unter dem Bugspriet
Webleine, als „Sprossen" dienende Querleinen der Wanten
Webleinenstek, Knoten, mit denen die Webleinen an den Hoftauen befestigt sind
wegfieren = fieren
wenden, Fahrtrichtung so ändern, daß Luv- und Leeseite des Schiffes wechseln
Wooling, marinedeutsch für Durcheinander

Zeising, kurzes, dünnes Tauende zum Beschlagen der Segel an den Rahen
Zurring, kurzes Tauende zum Befestigen (Festzurren) von Gegenständen

Die Fotos für dieses Buch machte Lothar-Günther Buchheim auf zwei Ausbildungsreisen der »Gorch Fock«. Die eine führte von den Bernudas nach Boston, die andere von Kiel nach Cadiz.

Für förderliche Hilfe bei der Arbeit danken Autor und Verlag:
Kapitän Heinrich Lehmann-Willenbrock,
Kapitän zur See Helmut Wind, Korvettenkapitän Nickels Peter Hinrichsen.

Planung und Layout: Yves-Bruno Buchheim

© 1982 Stalling Verlag GmbH,
Oldenburg–Hamburg–München
Reproduktionen Reprozwölf Wien, Wien
Gesamtherstellung New Interlitho, Trezzano
Printed in Italy
ISBN 3-7979-1534-9